ΠΕΝΤΑΝΟΣ̲.ΙΜΑ ΠΙΑΤΑ
ΜΕ ΜΟΝΟ 5 ΥΛΙΚΑ
ΒΙΒΛΙΟ ΜΑΓΕΙΡΙΚΗΣ

100 ΓΕΥΜΑΤΙΚΕΣ ΚΑΙ ΑΠΛΕΣ ΣΥΝΤΑΓΕΣ ΓΙΑ ΕΝΑ ΓΡΗΓΟΡΟ ΚΑΙ ΥΓΙΕΙΝΟ ΓΕΥΜΑ

Λιανή Κοτζιά

ΠΙΝΑΚΑΣ ΠΕΡΙΕΧΟΜΕΝΩΝ

ΕΙΣΑΓΩΓΗ

Το να είσαι απασχολημένος δεν σου δίνει το δικαίωμα να τρως έξω το βράδυ. Ενώ το φαγητό έξω είναι βολικό, δεν είστε σίγουροι ότι το φαγητό που τρώτε περιέχει υγιεινά συστατικά. Το θέμα είναι ότι μπορείτε να τρώτε νόστιμα και υγιεινά γεύματα παρά το πολυάσχολο πρόγραμμά σας, εάν έχετε ένα ποτ.

Με αυτό το βιβλίο, μπορείτε να φάτε τα αγαπημένα σας comfort food παρά το πολυάσχολο πρόγραμμά σας.

Το να φτιάξετε το δικό σας αγαπημένο γεύμα μπορεί να είναι δύσκολο, ειδικά αν δεν έχετε πολύ χρόνο να αφιερώσετε στην κουζίνα. Αυτό που κάνει πιο δύσκολο το μαγείρεμα του φαγητού είναι ότι ορισμένες συνταγές απαιτούν πολλά συστατικά, τα οποία μπορεί να είναι δυσάρεστα για τους περισσότερους αρχάριους της κουζίνας. Στην πραγματικότητα, αυτός είναι ο λόγος για τον οποίο τόσοι πολλοί αρχάριοι στην κουζίνα σταματούν να μάθουν πώς να μαγειρεύουν επειδή ορισμένες συνταγές είναι πολύ δύσκολο να ακολουθηθούν.

ΚΑΤΑΨΥΚΤΗΣ

1. Συνταγή για κοτόπουλο Salsa Verde Crockpot

Αποδόσεις: 6 μερίδες

ΣΥΣΤΑΤΙΚΆ

2 κιλά στήθη κοτόπουλου χωρίς κόκαλα, χωρίς δέρμα

15 oz μαύρα φασόλια, στραγγισμένα και ξεπλυμένα

Κονσέρβα 15 oz καλαμπόκι, στραγγισμένο και ξεπλυμένο

Βάζο 16 oz salsa verde

Συσκευασία τυρί κρέμα 8 oz

ΚΑΤΕΥΘΥΝΣΕΙΣ

Στη σακούλα κατάψυξης, προσθέστε όλα τα υλικά εκτός από το τυρί κρέμα. Προσθέστε τελευταίο το κοτόπουλο στη σακούλα της κατάψυξης, ώστε να είναι το πρώτο συστατικό που θα ρίξετε στην κατσαρόλα σας.

Αφαιρέστε όσο το δυνατόν περισσότερο αέρα από τη σακούλα του καταψύκτη, σφραγίστε και βάλτε το στην κατάψυξή σας.

Το βράδυ πριν το μαγείρεμα, μεταφέρετε την παγωμένη σακούλα στο ψυγείο σας για να ξεπαγώσει.

Το πρωί του μαγειρέματος, ρίξτε το περιεχόμενο της σακούλας κατάψυξης στο ταψί σας.

Μαγειρέψτε σε κατσαρόλα στο «χαμηλό» για 6 ώρες ή μέχρι να ψηθεί το κοτόπουλο.

Προσθέστε το τυρί κρέμα (απλώς ρίξτε το από πάνω) και αφήστε το να καθίσει για περίπου 1/2 ώρα.

2. Χοιρινό ψιλοκομμένο Lime

Αποδόσεις: 4-6 μερίδες

ΣΥΣΤΑΤΙΚΆ

2 ½ κιλό ψητό χοιρινό στον ώμο με κόκαλα

Ο χυμός από δύο λάιμ

1 κουταλιά της σούπας μέλι

1/2 κουταλάκι του γλυκού τριμμένο κόκκινο πιπέρι καγιέν

1/4 κουταλάκι του γλυκού αλάτι

ΚΑΤΕΥΘΥΝΣΕΙΣ

Στη σακούλα κατάψυξης, προσθέστε όλα τα υλικά.

Αφαιρέστε όσο το δυνατόν περισσότερο αέρα από τη σακούλα του καταψύκτη, σφραγίστε και βάλτε το στην κατάψυξή σας.

Το βράδυ πριν το μαγείρεμα, μεταφέρετε την παγωμένη σακούλα στο ψυγείο σας για να ξεπαγώσει.

Το πρωί του μαγειρέματος, ρίξτε το περιεχόμενο της σακούλας κατάψυξης στο ταψί σας

Μαγειρέψτε σε «χαμηλή» ρύθμιση για 8-12 ώρες ή μέχρι να ψηθεί το χοιρινό και να πέσει από το κόκκαλο.

Αφαιρέστε το χοιρινό κρέας από τα κόκαλα.

Ψιλοκόβουμε και σερβίρουμε.

Σερβίρετε σε τορτίγιες ή ρύζι και από πάνω προσθέτετε τα αγαπημένα σας γαρνιτούρα τάκο, όπως τριμμένο μαρούλι, τυρί και ντομάτες.

3. Γεμιστές πιπεριές

Αποδόσεις: 4 μερίδες

ΣΥΣΤΑΤΙΚΆ

1 κιλό άπαχο μοσχαρίσιο κιμά (τουλάχιστον 85%)

1 κρεμμύδι, ξεφλουδισμένο και κομμένο σε κύβους

1 σκελίδα σκόρδο, ψιλοκομμένη

4 μικρές πιπεριές, κομμένες από πάνω (ή 2 μεγάλες πιπεριές, κομμένες κατά μήκος) και καθαρισμένες

Βάζο 24oz με την αγαπημένη σας σάλτσα ζυμαρικών (κράτηση 2T)

Πλαστική σακούλα κατάψυξης μεγέθους 1 γαλονιού

ΚΑΤΕΥΘΥΝΣΕΙΣ

Σε μεγάλο μπολ, ανακατέψτε τον κιμά, το κρεμμύδι, το σκόρδο και 2 κουταλιές της σούπας σάλτσα ζυμαρικών.

Χωρίζουμε το μείγμα σε τέσσερα ίσα μέρη και γεμίζουμε τις πιπεριές.

Προσθέστε την υπόλοιπη σάλτσα σε σακούλα μεγέθους τετάρτου, σφραγίστε και προσθέστε σε σακούλα μεγέθους γαλονιού με γεμιστές πιπεριές.

Αφαιρέστε όσο το δυνατόν περισσότερο αέρα, σφραγίστε και βάλτε το στην κατάψυξή σας.

Το προηγούμενο βράδυ, μεταφέρετε στο ψυγείο για να ξεπαγώσει.

Βάζουμε τις πιπεριές σε κατσαρόλα και τις καλύπτουμε με τη σάλτσα.

Μαγειρέψτε σε κατσαρόλα σε «χαμηλή» ρύθμιση για 6-8 ώρες.

Σερβίρουμε με ρύζι.

4. Μακαρόνια με τυρί

Αποδόσεις: 4 μερίδες

ΣΥΣΤΑΤΙΚΆ

4 1/2 γ. μακαρόνια αγκώνα, άψητα

8 ουγγιές τυρί τσένταρ, τριμμένο (περίπου 2 φλιτζάνια)

8 οz πακέτο τυρί κρέμα, κομμένο σε κύβους

4 φλιτζάνια γάλα

Αλάτι και πιπέρι για να γευτείς

Πλαστική σακούλα κατάψυξης μεγέθους 1 γαλονιού

ΚΑΤΕΥΘΥΝΣΕΙΣ

Στη σακούλα κατάψυξης, προσθέστε όλα τα υλικά.

Αφαιρέστε όσο το δυνατόν περισσότερο αέρα από τη σακούλα του καταψύκτη, σφραγίστε και βάλτε το στην κατάψυξή σας.

Προσθέστε όλα τα υλικά στο crockpot. Σκεπάζουμε και μαγειρεύουμε σε χαμηλή φωτιά για 3-4 ώρες.

Ανακατεύουμε σε όλη τη διάρκεια του μαγειρέματος για να ενωθούν τα υλικά.

5. Μοσχαρίσιο ψητό και καρότα

Αποδόσεις: 4 μερίδες

ΣΥΣΤΑΤΙΚΆ

2 κιλά ψητό μοσχαρίσιο τσακ στον ώμο χωρίς κόκαλα

2 κιλά καρότα, ξεφλουδισμένα και κομμένα σε κομμάτια μεγέθους μπουκιάς

3 κουταλιές της σούπας εξαιρετικό παρθένο ελαιόλαδο

2 κουταλιές της σούπας ξύδι από κόκκινο κρασί

1 πακέτο καρυκευμάτων (Λατρεύουμε τα καρυκεύματα McCormick Grill Mates ή chipotle) Ή 3 κουταλιές της σούπας από το αγαπημένο σας σπιτικό μείγμα καρυκευμάτων, όπως το σπιτικό καρύκευμα τάκο.

Πλαστική σακούλα κατάψυξης μεγέθους 1 γαλονιού

ΚΑΤΕΥΘΥΝΣΕΙΣ

Στη σακούλα κατάψυξης, προσθέστε όλα τα υλικά. Προσθέστε το βόειο κρέας στη σακούλα της κατάψυξης τελευταίο, ώστε να είναι το πρώτο συστατικό που θα ρίξετε στην κατσαρόλα σας.

Αφαιρέστε όσο το δυνατόν περισσότερο αέρα από τη σακούλα του καταψύκτη, σφραγίστε και βάλτε το στην κατάψυξή σας.

Το βράδυ πριν το μαγείρεμα, μεταφέρετε την παγωμένη σακούλα στο ψυγείο σας για να ξεπαγώσει.

Το πρωί του μαγειρέματος, ρίξτε το περιεχόμενο της σακούλας κατάψυξης στο ταψί σας.

Μαγειρέψτε σε «χαμηλή» ρύθμιση για 8 ώρες μέχρι το βόειο κρέας να τεμαχιστεί εύκολα με ένα πιρούνι.

Σερβίρουμε με μάφινς με ρύζι ή καλαμπόκι.

6. Σούπα λαζάνια

Αποδόσεις: 6 μερίδες

ΣΥΣΤΑΤΙΚΆ

Βάζο 24 oz με σάλτσα ζυμαρικών

Κονσέρβα 15 oz με φασόλια κανελίνι, στραγγισμένα και ξεπλυμένα

2 ½ ουγκιές φρέσκο baby σπανάκι (περίπου 3 φλιτζάνια) - μοιάζει πολύ, αλλά ψήνεται στο ζωμό

4 φλιτζάνια ζωμό κότας

3 χυλοπίτες λαζάνια άψητα, σπασμένα σε μικρά κομμάτια

Πλαστική σακούλα κατάψυξης μεγέθους 1 γαλονιού

ΚΑΤΕΥΘΥΝΣΕΙΣ

Στη σακούλα του καταψύκτη σας, προσθέστε όλα τα υλικά, εκτός από το ζωμό κοτόπουλου και τα ζυμαρικά λαζάνια.

Σφραγίζουμε και καταψύχουμε για έως και τρεις μήνες.

Τήξη.

Προσθέστε το περιεχόμενο της σακούλας κατάψυξης στην κατσαρόλα σας και προσθέστε ζωμό κοτόπουλου.

Σκεπάζουμε και ψήνουμε για 6-8 ώρες σε «χαμηλή» ρύθμιση.

Προσθέστε τα noodles και μαγειρέψτε για άλλα 30 λεπτά.

Περιχύνουμε με τριμμένη παρμεζάνα και σερβίρουμε με σκορδόψωμο.

7. Κόμμα χοιρινό ψητό

Αποδόσεις: 4 μερίδες

ΣΥΣΤΑΤΙΚΆ

2 ½ λίβρα χοιρινή σπάλα με κόκαλα

1 φλιτζάνι ζελέ σταφυλιού

1 φλιτζάνι κέτσαπ

1/4 κουταλάκι του γλυκού αλεσμένο μπαχάρι

Πλαστική σακούλα κατάψυξης μεγέθους 1 γαλονιού

ΚΑΤΕΥΘΥΝΣΕΙΣ

Συνδυάστε όλα τα υλικά στην κατάψυξη σας.

Αφαιρέστε όσο το δυνατόν περισσότερο αέρα, σφραγίστε και βάλτε το στην κατάψυξή σας.

Το προηγούμενο βράδυ, μεταφέρετε στο ψυγείο για να ξεπαγώσει.

Προσθέστε το περιεχόμενο της σακούλας κατάψυξης στο crockpot.

Μαγειρέψτε σε «χαμηλή» ρύθμιση για 8 ώρες ή μέχρι το κρέας να ξεκολλάει εύκολα με ένα πιρούνι.

Αφαιρέστε το χοιρινό από το κατσαρολάκι σας και διαχωρίστε το κρέας από τα κόκαλα με ένα πιρούνι. (Το κρέας πρέπει να πέσει από το κόκαλο.)

Σουρώνετε το ζουμί που έχει μείνει στο κατσαρολάκι σας και σερβίρετε ως σάλτσα με το κρέας.

Σερβίρουμε με σπιτικό πουρέ πατάτας και μπρόκολο στον ατμό.

8. Τάκος κοτόπουλου

Αποδόσεις: 4 μερίδες

ΣΥΣΤΑΤΙΚΆ

1 κιλό στήθη κοτόπουλου χωρίς κόκαλα, χωρίς πέτσα, κομμένα σε λίπος

1 πακέτο μείγμα καρυκευμάτων taco

1 φλιτζάνι ζωμό κότας

Πλαστική σακούλα κατάψυξης μεγέθους 1 γαλονιού

ΚΑΤΕΥΘΥΝΣΕΙΣ

Συνδυάστε όλα τα υλικά στην κατάψυξη σας.

Αφαιρέστε όσο το δυνατόν περισσότερο αέρα, σφραγίστε και βάλτε το στην κατάψυξή σας.

Το προηγούμενο βράδυ, μεταφέρετε στο ψυγείο για να ξεπαγώσει.

Προσθέστε το περιεχόμενο της σακούλας κατάψυξης στο crockpot.

Μαγειρέψτε σε «χαμηλή» ρύθμιση για 6 ώρες ή μέχρι να μαλακώσει το κοτόπουλο.

Ψιλοκόψτε το κοτόπουλο.

Σερβίρετε σε μαλακές ή σκληρές τορτίγιες και από πάνω προσθέτετε αγαπημένες επικαλύψεις taco όπως μαρούλι, ντομάτες και τριμμένο τυρί.

9. Κοτόπουλο με λεμόνι πιπεριά

Αποδόσεις: 3 μερίδες

ΣΥΣΤΑΤΙΚΆ

1 κιλό στήθη κοτόπουλου χωρίς κόκαλα, χωρίς δέρμα, κομμένα με λίπος

1/4 φλιτζάνι έξτρα παρθένο ελαιόλαδο

Ο χυμός από ένα λεμόνι (περίπου 3 κουταλιές της σούπας)

1/2 κουταλάκι του γλυκού φρεσκοτριμμένο μαύρο πιπέρι

1/4 κουταλάκι του γλυκού αλάτι

Πλαστική σακούλα κατάψυξης μεγέθους 1 γαλονιού

ΚΑΤΕΥΘΥΝΣΕΙΣ

Στη σακούλα κατάψυξης, προσθέστε όλα τα υλικά.

Αφαιρέστε όσο το δυνατόν περισσότερο αέρα από τη σακούλα του καταψύκτη, σφραγίστε και βάλτε το στην κατάψυξή σας.

Το βράδυ πριν το μαγείρεμα, μεταφέρετε την παγωμένη σακούλα στο ψυγείο σας για να ξεπαγώσει.

Το πρωί του μαγειρέματος, ρίξτε το περιεχόμενο της σακούλας κατάψυξης στο ταψί σας.

Μαγειρέψτε σε «χαμηλή» ρύθμιση για 3-6 ώρες ή μέχρι το κοτόπουλο να ψηθεί και να μαλακώσει

10. Κοτόπουλο τζίντζερ ροδάκινο

Αποδόσεις: 6 μερίδες

ΣΥΣΤΑΤΙΚΆ

2 κιλά μπούτια κοτόπουλου χωρίς κόκαλα, χωρίς δέρμα

1 φλιτζάνι μαρμελάδα ροδάκινο

1 κουταλιά της σούπας σάλτσα σόγιας με χαμηλή περιεκτικότητα σε νάτριο

1 ίντσα φρέσκιας ρίζας τζίντζερ, ξεφλουδισμένη και τριμμένη

3 σκελίδες σκόρδο, καθαρισμένες και ψιλοκομμένες

ΚΑΤΕΥΘΥΝΣΕΙΣ

Στη σακούλα κατάψυξης, προσθέστε όλα τα υλικά.

Αφαιρέστε όσο το δυνατόν περισσότερο αέρα από τη σακούλα του καταψύκτη, σφραγίστε και βάλτε το στην κατάψυξή σας.

Μάγειρας

Το βράδυ πριν το μαγείρεμα, μεταφέρετε την παγωμένη σακούλα στο ψυγείο σας για να ξεπαγώσει.

Το πρωί του μαγειρέματος, ρίξτε το περιεχόμενο της σακούλας κατάψυξης στο ταψί σας.

Μαγειρέψτε σε «χαμηλή» ρύθμιση για 6 ώρες ή μέχρι να θρυμματιστεί εύκολα το κοτόπουλο.

Ψιλοκόψτε το κοτόπουλο και επιστρέψτε στο κατσαρολάκι για να ανακατευτεί με το χυμό.

Σερβίρουμε με ρύζι και πράσινα φασόλια.

11. Χαβάης κοτόπουλο

Αποδόσεις: 6 μερίδες

ΣΥΣΤΑΤΙΚΆ

2 κιλά στήθη κοτόπουλου χωρίς κόκαλα, χωρίς δέρμα, κομμένα σε κομμάτια μεγέθους μπουκιάς

1 φρέσκος ανανάς με το κοτσάνι, το δέρμα και τον πυρήνα του και κομμένο σε κομμάτια μεγέθους μπουκιάς

2 κουταλιές της σούπας καστανή ζάχαρη

2 κουταλιές της σούπας σάλτσα σόγιας με χαμηλή περιεκτικότητα σε νάτριο

Πλαστική σακούλα κατάψυξης μεγέθους 1 γαλονιού

ΚΑΤΕΥΘΥΝΣΕΙΣ

Στη σακούλα κατάψυξης, προσθέστε ανανά, καστανή ζάχαρη, σάλτσα σόγιας και στήθη κοτόπουλου. (Προσθέστε τα στήθη κοτόπουλου στη σακούλα τελευταία, έτσι ώστε να είναι το πρώτο συστατικό που θα χύνετε στο σκεύος σας.)

Αφαιρέστε όσο το δυνατόν περισσότερο αέρα από τη σακούλα του καταψύκτη, σφραγίστε και βάλτε το στην κατάψυξή σας.

Το βράδυ πριν το μαγείρεμα, μεταφέρετε την παγωμένη σακούλα στο ψυγείο σας για να ξεπαγώσει.

Το πρωί του μαγειρέματος, ρίξτε το περιεχόμενο της σακούλας κατάψυξης στην κατσαρόλα σας και μαγειρέψτε σε «χαμηλή» ρύθμιση για 4-6 ώρες ή μέχρι το κοτόπουλο να ψηθεί και να μαλακώσει.

Σερβίρουμε με καστανό ρύζι και μπρόκολο και απολαμβάνουμε!

12. Βασικό ψητό κατσαρόλας

Αποδόσεις: 4 μερίδες

ΣΥΣΤΑΤΙΚΆ

2 κιλά ψητό μοσχαρίσιο τσακ στον ώμο χωρίς κόκαλα

1 πακέτο μείγμα κρεμμυδόσουπας

1 μέτριο κρεμμύδι, ξεφλουδισμένο και κομμένο σε φέτες

1 κιλό καρότα, καθαρισμένα και ψιλοκομμένα

1 φλιτζάνι νερό (δεν χρειάζεται μέχρι την ημέρα του μαγειρέματος)

Πλαστική σακούλα κατάψυξης μεγέθους 1 γαλονιού

ΚΑΤΕΥΘΥΝΣΕΙΣ

Στη σακούλα του καταψύκτη σας, προσθέστε όλα τα υλικά (εκτός από το νερό).

Αφαιρέστε όσο το δυνατόν περισσότερο αέρα από τη σακούλα του καταψύκτη, σφραγίστε και βάλτε το στην κατάψυξή σας.

Το βράδυ πριν το μαγείρεμα, μεταφέρετε την παγωμένη σακούλα στο ψυγείο σας για να ξεπαγώσει.

Το πρωί του μαγειρέματος, ρίξτε το περιεχόμενο της σακούλας κατάψυξης στο σκεύος σας και προσθέστε νερό.

Μαγειρέψτε σε «χαμηλή» ρύθμιση για «χαμηλή» για 8 ώρες.

Βγάζουμε το κρέας από το κατσαρολάκι και το κόβουμε με ένα πιρούνι.

Σουρώνετε το ζωμό βοδινού και σερβίρετε με κρέας και καρότα.

Σερβίρουμε με πατάτες ή ρύζι.

13. Μίνι Πιπεριές Γεμιστές Λουκάνικο

Αποδόσεις: 4 μερίδες

ΣΥΣΤΑΤΙΚΆ

Σακούλα 16 oz με μίνι γλυκές πιπεριές

1 κιλό αλεσμένο ιταλικό λουκάνικο (μας αρέσει το ζεστό)

Βάζο 24 oz με σάλτσα σπαγγέτι

8 ουγκιές τυρί μοτσαρέλα, τριμμένο

Πλαστική σακούλα κατάψυξης μεγέθους 1 γαλονιού

1 πλαστική σακούλα κατάψυξης μεγέθους τετάρτου

ΚΑΤΕΥΘΥΝΣΕΙΣ

Κόψτε τις πιπεριές και αφαιρέστε τους σπόρους.

Γεμίζουμε τις πιπεριές με λουκάνικο.

Στη σακούλα σας σε μέγεθος γαλονιού, προσθέστε γεμιστές πιπεριές και σάλτσα σπαγγέτι.

Στη σακούλα κατάψυξης μεγέθους τετάρτου, προσθέστε τριμμένο τυρί.

Το βράδυ πριν το μαγείρεμα, μεταφέρετε την παγωμένη σακούλα στο ψυγείο σας για να ξεπαγώσει.

Προσθέστε το περιεχόμενο της σακούλας μεγέθους γαλονιού σε ένα κατσαρολάκι και μαγειρέψτε για 8 ώρες ή μέχρι να ψηθεί το λουκάνικο και να μαλακώσουν οι πιπεριές. (Αφήστε το τυρί στο ψυγείο)

Προσθέστε το τυρί μοτσαρέλα και μαγειρέψτε για άλλα 10 λεπτά ή μέχρι να λιώσει.

Σερβίρουμε πάνω από μακαρόνια.

14. Σούπα λαχανικών με κεφτεδάκια

Αποδόσεις: 6 μερίδες

ΣΥΣΤΑΤΙΚΆ

1 κιλό μικρά κεφτεδάκια (αγορασμένα από το κατάστημα ή σπιτικά)

Βάζο 24οz με σάλτσα ζυμαρικών (περίπου 5 φλιτζάνια)

1 κιλό καρότα, καθαρισμένα και ψιλοκομμένα

3 φλιτζάνια φασολάκια, τα άκρα κομμένα και κομμένα σε κομμάτια μεγέθους μπουκιάς

4 φλιτζάνια ζωμό κότας (δεν χρειάζεται μέχρι την ημέρα του μαγειρέματος)

Πλαστική σακούλα κατάψυξης μεγέθους 1 γαλονιού

ΚΑΤΕΥΘΥΝΣΕΙΣ

Στη σακούλα κατάψυξης, προσθέστε όλα τα υλικά εκτός από το ζωμό κότας.

Αφαιρέστε όσο το δυνατόν περισσότερο αέρα από τη σακούλα του καταψύκτη, σφραγίστε και βάλτε το στην κατάψυξή σας.

Το βράδυ πριν το μαγείρεμα, μεταφέρετε την παγωμένη σακούλα στο ψυγείο σας για να ξεπαγώσει.

Το πρωί του μαγειρέματος, προσθέστε το περιεχόμενο της σακούλας κατάψυξης στην κατσαρόλα σας και προσθέστε ζωμό κοτόπουλου.

Μαγειρέψτε σε «χαμηλή» ρύθμιση για 8 ώρες ή μέχρι να μαλακώσουν τα λαχανικά.

Αυτή η σούπα έχει υπέροχη γεύση με ένα κομμάτι ψωμί κρούστας στο πλάι.

15. Χοιρινό και ξινολάχανο

Αποδόσεις: 4 μερίδες

ΣΥΣΤΑΤΙΚΆ

2 κιλά χοιρινό ψητό χωρίς κόκαλα

Δύο βάζα των 16 oz με ξινολάχανο (χωρίς στραγγιστό)

2 κουταλιές της σούπας μέλι

1 κουταλάκι του γλυκού σπόροι κύμινο

Πλαστική σακούλα κατάψυξης μεγέθους 1 γαλονιού

ΚΑΤΕΥΘΥΝΣΕΙΣ

Στη σακούλα κατάψυξης, προσθέστε όλα τα υλικά.

Αφαιρέστε όσο το δυνατόν περισσότερο αέρα από τη σακούλα του καταψύκτη, σφραγίστε και βάλτε το στην κατάψυξή σας.

Το βράδυ πριν το μαγείρεμα, μεταφέρετε την παγωμένη σακούλα στο ψυγείο σας για να ξεπαγώσει.

Το πρωί του μαγειρέματος, ρίξτε το περιεχόμενο της σακούλας κατάψυξης στο ταψί σας.

Μαγειρέψτε σε «χαμηλή» ρύθμιση για 8 ώρες, μέχρι να θρυμματιστεί εύκολα το χοιρινό με ένα πιρούνι.

Σερβίρουμε με πατάτες και σάλτσα μήλου.

16. Πιπεριά μπανάνας τριμμένο μοσχαρίσιο κρέας

Αποδόσεις: 4 μερίδες

ΣΥΣΤΑΤΙΚΆ

2 κιλά ψητό μοσχαρίσιο τσακ στον ώμο χωρίς κόκαλα

4 φρέσκες πιπεριές μπανάνας (ήπιες ή καυτερές), αφαιρέστε τους σπόρους και κομμένες σε φέτες

1 μέτριο κίτρινο κρεμμύδι, ξεφλουδισμένο και κομμένο σε φέτες

2 φλιτζάνια ζωμό βοδινού

Πλαστική σακούλα κατάψυξης μεγέθους 1 γαλονιού

ΚΑΤΕΥΘΥΝΣΕΙΣ

Στη σακούλα κατάψυξης, προσθέστε όλα τα υλικά.

Αφαιρέστε όσο το δυνατόν περισσότερο αέρα από τη σακούλα του καταψύκτη, σφραγίστε και βάλτε το στην κατάψυξή σας.

Το βράδυ πριν το μαγείρεμα, μεταφέρετε την παγωμένη σακούλα στο ψυγείο σας για να ξεπαγώσει.

Το πρωί του μαγειρέματος, ρίξτε το περιεχόμενο της σακούλας κατάψυξης στο ταψί σας.

Μαγειρέψτε σε «χαμηλή» ρύθμιση για 8 ώρες.

Κόβουμε το κρέας και σερβίρουμε σε ρολά με μια συνοδευτική σαλάτα.

17. Cranberry κοτόπουλο και πράσινα φασόλια

Αποδόσεις: 6 μερίδες

ΣΥΣΤΑΤΙΚΆ

1 κιλό κατεψυγμένα πράσινα φασόλια

Κονσέρβα 15 ουγκιών ολόκληρης σάλτσας cranberry

1 πακέτο μείγμα κρεμμυδόσουπας

2 κιλά στήθη κοτόπουλου χωρίς κόκαλα, χωρίς δέρμα

ΚΑΤΕΥΘΥΝΣΕΙΣ

Στη σακούλα κατάψυξης, προσθέστε όλα τα υλικά. Προσθέστε τελευταίο το κοτόπουλο στη σακούλα της κατάψυξης, ώστε να είναι το πρώτο συστατικό που θα ρίξετε στην κατσαρόλα σας.

Αφαιρέστε όσο το δυνατόν περισσότερο αέρα από τη σακούλα του καταψύκτη, σφραγίστε και βάλτε το στην κατάψυξή σας.

Μάγειρας

Το βράδυ πριν το μαγείρεμα, μεταφέρετε την παγωμένη σακούλα στο ψυγείο σας για να ξεπαγώσει.

Το πρωί του μαγειρέματος, ρίξτε το περιεχόμενο της σακούλας κατάψυξης στο ταψί σας.

Μαγειρέψτε σε «χαμηλή» ρύθμιση για 4-6 ώρες.

Ψιλοκόψτε το κρέας.

Σερβίρετε μαγειρεμένο κοτόπουλο, πράσινα φασόλια και σάλτσα cranberry με γέμιση.

18. Κράνμπερι χοιρινό ψητό

Αποδόσεις: 4 μερίδες

ΣΥΣΤΑΤΙΚΆ

2 ½ λίβρα χοιρινή σπάλα με κόκαλα

Κονσέρβα 15 oz ολόκληρα μούρα σάλτσα cranberry

1/4 φλιτζάνι μέλι

1/4 φλιτζάνι ξερό κρεμμύδι ψιλοκομμένο

ΚΑΤΕΥΘΥΝΣΕΙΣ

Συνδυάστε όλα τα υλικά στην κατάψυξη σας.

Αφαιρέστε όσο το δυνατόν περισσότερο αέρα, σφραγίστε και βάλτε το στην κατάψυξή σας.

Το προηγούμενο βράδυ, μεταφέρετε στο ψυγείο για να ξεπαγώσει.

Προσθέστε το περιεχόμενο της σακούλας κατάψυξης στο crockpot.

Μαγειρέψτε σε «χαμηλή» ρύθμιση για 8 ώρες ή μέχρι να θρυμματιστεί εύκολα το χοιρινό με ένα πιρούνι.

Αφαιρέστε τα κόκαλα και ψιλοκόψτε το κρέας.

19. Ψητό Μισισιπή

Αποδόσεις: 4 μερίδες

ΣΥΣΤΑΤΙΚΆ

2 λίβρες τσακ ψητό

Πακέτο 1 ουγγιάς μίγματος καρυκευμάτων ξηρού ράντσο

1 ουγγιά πακέτο ξηρό μείγμα σάλτσας au jus

1 ξυλάκι ανάλατο βούτυρο

5-6 πιπεροντσίνι

ΚΑΤΕΥΘΥΝΣΕΙΣ

Στη σακούλα κατάψυξης, προσθέστε όλα τα υλικά.

Αφαιρέστε όσο το δυνατόν περισσότερο αέρα από τη σακούλα του καταψύκτη, σφραγίστε και βάλτε το στην κατάψυξή σας.

Το βράδυ πριν το μαγείρεμα, μεταφέρετε την παγωμένη σακούλα στο ψυγείο σας για να ξεπαγώσει.

Ρίξτε το περιεχόμενο της σακούλας κατάψυξης στο ταψί σας.

Μαγειρέψτε σε χαμηλή θερμοκρασία για 8 ώρες.

Κόβουμε το κρέας και σερβίρουμε με πουρέ και καρότα.

20. Pepperoncini τριμμένο μοσχαρίσιο κρέας

Αποδόσεις: 4 μερίδες

ΣΥΣΤΑΤΙΚΆ

2 κιλά ψητό μοσχαρίσιο τσακ χωρίς κόκαλα, κομμένο σε λίπος

Βάζο 12 oz με πιπερόντσίνι

6 σκελίδες σκόρδο, καθαρισμένες

1/2 κουταλάκι του γλυκού πιπέρι

ΚΑΤΕΥΘΥΝΣΕΙΣ

Στη σακούλα του καταψύκτη σας, προσθέστε όλα τα συστατικά, συμπεριλαμβανομένου του χυμού από πεπερόντσίνι.

Αφαιρέστε όσο το δυνατόν περισσότερο αέρα από τη σακούλα του καταψύκτη, σφραγίστε και βάλτε το στην κατάψυξή σας.

Το βράδυ πριν το μαγείρεμα, μεταφέρετε την παγωμένη σακούλα στο ψυγείο σας για να ξεπαγώσει.

Το πρωί του μαγειρέματος, ρίξτε το περιεχόμενο της σακούλας κατάψυξης στο ταψί σας.

Μαγειρέψτε σε «χαμηλή» ρύθμιση για 8 ώρες ή μέχρι να τεμαχιστεί εύκολα το κρέας.

Σερβίρουμε σε ρολά με συνοδευτική σαλάτα.

21. Κοτόπουλο Teriyaki

Αποδόσεις: 3 μερίδες

ΣΥΣΤΑΤΙΚΑ

1 κιλό στήθη κοτόπουλου χωρίς κόκαλα χωρίς πέτσα

5 oz teriyaki σάλτσα

Σακούλα 16 ουγκιών με κατεψυγμένα λαχανικά ανάδευσης

ΚΑΤΕΥΘΥΝΣΕΙΣ

Στη σακούλα κατάψυξης, προσθέστε όλα τα υλικά. Προσθέστε τελευταίο το κοτόπουλο στη σακούλα της κατάψυξης, ώστε να είναι το πρώτο συστατικό που θα ρίξετε στην κατσαρόλα σας.

Αφαιρέστε όσο το δυνατόν περισσότερο αέρα από τη σακούλα του καταψύκτη, σφραγίστε και βάλτε το στην κατάψυξή σας.

Το βράδυ πριν το μαγείρεμα, μεταφέρετε την παγωμένη σακούλα στο ψυγείο σας για να ξεπαγώσει.

Το πρωί του μαγειρέματος, ρίξτε το περιεχόμενο της σακούλας κατάψυξης στο ταψί σας.

Μαγειρέψτε σε «χαμηλή» ρύθμιση για 6-8 ώρες ή μέχρι το κοτόπουλο να ψηθεί και να μαλακώσει.

Σερβίρετε πάνω από ρύζι.

22. Χοιρινό χοιρινό καυτερή πιπεριά και κολοκυθάκι

Αποδόσεις: 3 μερίδες

ΣΥΣΤΑΤΙΚΆ

1 κιλό κόντρα χοιρινό

Σακούλα 16 ουγκιά κατεψυγμένα κολοκυθάκια βουτύρου (μπορείτε να μην είναι φρέσκα)

Βάζο 8oz ζελέ καυτερής πιπεριάς

ΚΑΤΕΥΘΥΝΣΕΙΣ

Στη σακούλα κατάψυξης, προσθέστε όλα τα υλικά.

Αφαιρέστε όσο το δυνατόν περισσότερο αέρα από τη σακούλα του καταψύκτη, σφραγίστε και βάλτε το στην κατάψυξή σας.

Το βράδυ πριν το μαγείρεμα, μεταφέρετε την παγωμένη σακούλα στο ψυγείο σας για να ξεπαγώσει.

Το πρωί του μαγειρέματος, ρίξτε το περιεχόμενο μιας σακούλας κατάψυξης μεγέθους γαλονιού στην κατσαρόλα σας.

Μαγειρέψτε σε χαμηλή θερμοκρασία για 6-8 ώρες ή μέχρι να μαλακώσει το χοιρινό.

Σερβίρουμε με ρύζι.

23. Ψητό κατσαρόλας με φασολάκια

Αποδόσεις: 4 μερίδες

ΣΥΣΤΑΤΙΚΆ

2 κιλά ψητό μοσχαρίσιο τσακ χωρίς κόκαλα, κομμένο σε λίπος

1 κιλό φρέσκα ή κατεψυγμένα πράσινα φασόλια

1 κιλό πατάτες σκουριάς (4 μικρές), πλυμένες και κομμένες σε κομμάτια 1 ίντσας

1 πακέτο μείγμα κρεμμυδόσουπας (ή σπιτικό μείγμα)

1 φλιτζάνι νερό (δεν χρειάζεται μέχρι την ημέρα του μαγειρέματος)

ΚΑΤΕΥΘΥΝΣΕΙΣ

Στη σακούλα του καταψύκτη σας, προσθέστε όλα τα υλικά εκτός από το νερό. (Οι κομμένες πατάτες διαρκούν ώστε να μην εκτίθενται στον αέρα για πολύ.)

Αφαιρέστε όσο το δυνατόν περισσότερο αέρα από τη σακούλα του καταψύκτη, σφραγίστε και βάλτε το στην κατάψυξή σας.

Το βράδυ πριν το μαγείρεμα, μεταφέρετε την παγωμένη σακούλα στο ψυγείο σας για να ξεπαγώσει.

Προσθέστε το περιεχόμενο της σακούλας κατάψυξης στην κατσαρόλα σας με νερό.

Μαγειρέψτε για 8 ώρες σε «χαμηλή» ρύθμιση μέχρι το βόειο κρέας να τεμαχιστεί εύκολα με ένα πιρούνι.

Κόβουμε το κρέας και σερβίρουμε με μαγειρεμένα πράσινα φασόλια και πατάτες.

24. Μεξικάνικο τσίλι με ψωμί καλαμποκιού

Αποδόσεις: 4 μερίδες

ΣΥΣΤΑΤΙΚΑ

1 κιλό άπαχο μοσχαρίσιο κιμά (τουλάχιστον 85%)

1 μικρό κίτρινο κρεμμύδι, ψιλοκομμένο (περίπου ένα φλιτζάνι)

1 πράσινη πιπεριά

1 φλιτζάνι κατεψυγμένο καλαμπόκι

2 κουταλιές της σούπας και 1 ½ κουταλάκι του γλυκού σπιτικό καρύκευμα τάκο ή 1 πακέτο καρυκεύματα τάκο από το κατάστημα

Κουτί 75 oz συμπυκνωμένη σούπα ντομάτας

Πλαστική σακούλα κατάψυξης μεγέθους 1 γαλονιού

ΚΑΤΕΥΘΥΝΣΕΙΣ

Στη σακούλα κατάψυξης προσθέστε όλα τα υλικά.

Αφαιρέστε όσο το δυνατόν περισσότερο αέρα από τη σακούλα του καταψύκτη, σφραγίστε και βάλτε το στην κατάψυξή σας.

Το βράδυ πριν το μαγείρεμα, μεταφέρετε την παγωμένη σακούλα στο ψυγείο σας για να ξεπαγώσει.

Ρίξτε το περιεχόμενο της σακούλας κατάψυξης στο ταψί σας.

Μαγειρέψτε σε «χαμηλή» ρύθμιση για 6-8 ώρες, μέχρι να ψηθεί το βόειο κρέας.

Κόβουμε το βόειο κρέας και ανακατεύουμε όλα τα υλικά.

Περιχύνουμε με τριμμένο τυρί τσένταρ και σερβίρουμε με ψωμί καλαμποκιού.

25. Mason jar bolognese

ΣΥΣΤΑΤΙΚΆ

2 κουταλιές της σούπας ελαιόλαδο

1 κιλό μοσχαρίσιος κιμάς

1 κιλό ιταλικό λουκάνικο, αφαιρούνται τα περιβλήματα

1 κρεμμύδι, ψιλοκομμένο

4 σκελίδες σκόρδο, ψιλοκομμένες

3 κονσέρβες (14,5 ουγκιές) ντομάτες κομμένες σε κύβους, στραγγισμένες

2 κονσέρβες (15 ουγκιές) σάλτσα ντομάτας

3 φύλλα δάφνης

1 κουταλάκι του γλυκού αποξηραμένη ρίγανη

1 κουταλάκι του γλυκού αποξηραμένος βασιλικός

½ κουταλάκι του γλυκού αποξηραμένο θυμάρι

1 κουταλάκι του γλυκού αλάτι kosher

½ κουταλάκι του γλυκού φρεσκοτριμμένο μαύρο πιπέρι

2 συσκευασίες (16 ουγκιές) τυρί μοτσαρέλα με μειωμένα λιπαρά, σε κύβους

32 ουγγιές άψητα φουσίλι ολικής αλέσεως, μαγειρεμένα σύμφωνα με τις οδηγίες της συσκευασίας. περίπου 16 φλιτζάνια μαγειρεμένα

ΚΑΤΕΥΘΎΝΣΕΙΣ

Ζεσταίνουμε το ελαιόλαδο σε ένα μεγάλο τηγάνι σε μέτρια προς δυνατή φωτιά. Προσθέστε τον κιμά, το λουκάνικο, το κρεμμύδι και το σκόρδο. Μαγειρέψτε μέχρι να ροδίσουν, 5 έως 7 λεπτά, φροντίζοντας να θρυμματίσετε το βόειο κρέας και το λουκάνικο καθώς ψήνεται. στραγγίστε το περιττό λίπος.

Μεταφέρετε το μείγμα του κιμά σε ένα κατσαρολάκι 6 λίτρων. Ρίχνουμε τις ντομάτες, τη σάλτσα ντομάτας, τα φύλλα δάφνης, τη ρίγανη, τον βασιλικό, το θυμάρι, αλάτι και πιπέρι. Σκεπάζουμε και μαγειρεύουμε σε χαμηλή φωτιά για 7 ώρες και 45 λεπτά. Αφαιρέστε το καπάκι και γυρίστε το κατσαρολάκι στο ψηλό σημείο. Συνεχίζουμε το μαγείρεμα για 15 λεπτά, μέχρι να δέσει η σάλτσα. Πετάξτε τα φύλλα δάφνης και αφήστε τη σάλτσα να κρυώσει εντελώς.

Μοιράστε τη σάλτσα σε 16 (24 ουγκιές) γυάλινα βάζα με πλατύ στόμα με καπάκι ή άλλα δοχεία ανθεκτικά στη θερμότητα. Από πάνω βάζουμε μοτσαρέλα και φουσίλι. Βάζουμε στο ψυγείο για έως και 4 ημέρες.

Για να το σερβίρετε, ψήνετε στο φούρνο μικροκυμάτων, ξεσκέπαστο, μέχρι να ζεσταθεί, περίπου 2 λεπτά. Ανακατεύουμε να ενωθούν.

26. Crockpot Salsa Τουρκίας

Αποδίδει 6 μερίδες

ΣΥΣΤΑΤΙΚΑ

20 oz. (600g) έξτρα άπαχο αλεσμένο στήθος γαλοπούλας

1 15,5 oz. βάζο (440 γρ.) σάλσα

αλάτι και πιπέρι για γεύση (προαιρετικά)

ΚΑΤΕΥΘΥΝΣΕΙΣ

Προσθέστε την αλεσμένη γαλοπούλα και τη σάλσα στο crockpot σας.

Χαμηλώστε τη θερμότητα στο χαμηλό. Αφήνουμε να ψηθεί για 6-8 ώρες, αργά και χαμηλά. Ανακατεύουμε μία ή δύο φορές σε όλη τη διάρκεια του μαγειρέματος. (Μαγειρέψτε σε υψηλή θερμοκρασία για 4 ώρες εάν είστε σε δύσκολη ώρα).

Σερβίρετε με επιπλέον κρύα σάλτσα, ελληνικό γιαούρτι ως υποκατάστατο κρέμας, τυρί ή φρέσκο κρεμμύδι!

Διαρκεί 5 μέρες στο ψυγείο ή 3-4 μήνες στην κατάψυξη.

27. Μπολ για προετοιμασία γευμάτων Carnitas

ΣΥΣΤΑΤΙΚΆ

2 ½ κουταλάκια του γλυκού τσίλι σε σκόνη

1 ½ κουταλάκι του γλυκού αλεσμένο κύμινο

1 ½ κουταλάκι του γλυκού αποξηραμένη ρίγανη

1 κουταλάκι του γλυκού αλάτι kosher, ή περισσότερο για γεύση

½ κουταλάκι του γλυκού αλεσμένο μαύρο πιπέρι, ή περισσότερο για γεύση

1 (3 κιλά) χοιρινό φιλέτο, περιττό λίπος κομμένο

4 σκελίδες σκόρδο, καθαρισμένες

1 κρεμμύδι, κομμένο σε φέτες

Χυμός από 2 πορτοκάλια

Χυμός από 2 λάιμ

8 φλιτζάνια λάχανο τριμμένο

4 ντοματίνια δαμάσκηνα, ψιλοκομμένα

2 κονσέρβες (15 ουγγιές) μαύρα φασόλια, στραγγισμένα και ξεπλυμένα

4 φλιτζάνια κόκκους καλαμποκιού (κατεψυγμένα, κονσερβοποιημένα ή ψητά)

2 αβοκάντο, κομμένα στη μέση, χωρίς κουκούτσι, ξεφλουδισμένα και κομμένα σε κύβους

2 λάιμ, κομμένα σε φέτες

ΚΑΤΕΥΘΎΝΣΕΙΣ

Σε ένα μικρό μπολ, συνδυάστε τη σκόνη τσίλι, το κύμινο, τη ρίγανη, το αλάτι και το πιπέρι. Αλατοπιπερώνετε το χοιρινό με το μείγμα μπαχαρικών, τρίβοντας καλά από όλες τις πλευρές.

Τοποθετήστε το χοιρινό, το σκόρδο, το κρεμμύδι, το χυμό πορτοκαλιού και το χυμό λάιμ σε ένα κατσαρολάκι. Καλύψτε και μαγειρέψτε σε χαμηλή φωτιά για 8 ώρες ή σε υψηλή θερμοκρασία για 4 έως 5 ώρες.

Βγάζετε το χοιρινό από την κουζίνα και ψιλοκόβετε το κρέας. Το επιστρέφουμε στην κατσαρόλα και περιχύνουμε με τους χυμούς. αλατοπιπερώνουμε, αν χρειάζεται. Σκεπάζουμε και κρατάμε ζεστό για άλλα 30 λεπτά.

Τοποθετήστε το χοιρινό, το λάχανο, τις ντομάτες, τα μαύρα φασόλια και το καλαμπόκι σε δοχεία προετοιμασίας γευμάτων. Διατηρείται σκεπασμένο στο ψυγείο 3 με 4 ημέρες. Σερβίρουμε με φέτες αβοκάντο και λάιμ.

28. Πικάντικο ντιπ με γαρίδες και τυρί

ΣΥΣΤΑΤΙΚΆ:

2 φέτες μπέικον χωρίς προσθήκη ζάχαρης

2 μέτρια κίτρινα κρεμμύδια, καθαρισμένα και κομμένα σε κύβους

2 σκελίδες σκόρδο, ψιλοκομμένες

1 φλιτζάνι γαρίδες ποπ κορν (όχι παναρισμένες), μαγειρεμένες

1 μέτρια ντομάτα, κομμένη σε κύβους

3 φλιτζάνια τριμμένο τυρί Monterey jack

1/4 κουταλάκι του γλυκού Frank's Red-hot sauce

1/4 κουταλάκι του γλυκού πιπέρι καγιέν

1/4 κουταλάκι του γλυκού μαύρο πιπέρι

ΚΑΤΕΥΘΎΝΣΕΙΣ:

Μαγειρέψτε το μπέικον σε ένα μέτριο τηγάνι σε μέτρια φωτιά μέχρι να γίνει τραγανό, περίπου 5-10 λεπτά. Κρατήστε τη λαδόκολλα στο ταψί. Στρώνουμε το μπέικον σε χαρτί κουζίνας να κρυώσει. Όταν κρυώσει, θρυμματίζουμε το μπέικον με τα δάχτυλά μας.

Προσθέστε το κρεμμύδι και το σκόρδο στις σταγόνες μπέικον στο τηγάνι και σοτάρετε σε μέτρια προς χαμηλή φωτιά μέχρι να μαλακώσουν και να μυρίσουν, περίπου 10 λεπτά.

Συνδυάστε όλα τα υλικά σε ένα κατσαρολάκι. Ανακατέψτε καλά. Μαγειρέψτε σκεπασμένο σε χαμηλή θερμοκρασία για 1-2 ώρες ή μέχρι να λιώσει πλήρως το τυρί.

ΣΟΥΠΑ

29. Πατάτα σορού

Συνολικός χρόνος προετοιμασίας: 15 λεπτά. Μαγείρεμα: 8 ώρες

Κάνει 12 μερίδες (3 λίτρα)

ΣΥΣΤΑΤΙΚΆ

8 κούπες πατάτες κομμένες σε κύβους

3 κονσέρβες (14-1/2 ουγγιές το καθένα) ζωμός κοτόπουλου

1 κουτί (10-3/4 ουγκιές) συμπυκνωμένη κρέμα σούπας κοτόπουλου, αδιάλυτη

1/3 φλιτζάνι ψιλοκομμένο κρεμμύδι

1/4 κουταλάκι του γλυκού πιπέρι

1 συσκευασία (8 ουγγιές) τυρί κρέμα, κομμένο σε κύβους και μαλακωμένο

1/2 κιλό μπέικον σε φέτες, μαγειρεμένο και θρυμματισμένο, προαιρετικά

Κιμάς σχοινόπρασο, προαιρετικά

ΚΑΤΕΥΘΎΝΣΕΙΣ

Σε 5-qt. κατσαρόλα, συνδυάστε τα πρώτα 5 υλικά. Σκεπάζουμε και μαγειρεύουμε σε χαμηλή φωτιά για 8-10 ώρες ή μέχρι να μαλακώσουν οι πατάτες.

Προσθέστε τυρί κρέμα? ανακατεύουμε μέχρι να ομογενοποιηθούν. Γαρνίρουμε με μπέικον και σχοινόπρασο αν θέλουμε.

30. Χορτοφαγική Χώρα Τσίλι

Αποδόσεις: 8 μερίδες

ΣΥΣΤΑΤΙΚΆ:

ΓΙΑ ΤΣΙΛΙ:

1 κουταλιά της σούπας λάδι αβοκάντο ή ελαιόλαδο για κατσαρόλα

1/2 μεγάλο βιολογικό κόκκινο κρεμμύδι, κομμένο σε κύβους

2 κοτσάνια βιολογικό σέλινο, ψιλοκομμένο

1 βιολογικό καρότο, ψιλοκομμένο

1 βιολογική πράσινη πιπεριά, ψιλοκομμένη

1 βιολογική κόκκινη πιπεριά, ψιλοκομμένη

1 βιολογική γλυκοπατάτα, καθαρισμένη και ψιλοκομμένη

1 βιολογικό jalapeno, ξεσποριασμένο και κομμένο σε κύβους

2 κουταλάκια του γλυκού σκόρδο σε σκόνη

2 κουταλιές της σούπας ξερή ρίγανη

1 1/2 κουταλιά της σούπας τσίλι σε σκόνη

1 κουταλιά της σούπας αλεσμένο κύμινο

1 1/2 κουταλάκι του γλυκού θαλασσινό αλάτι

1 κουταλάκι του γλυκού αλεσμένο μαύρο πιπέρι

2 κουταλάκια του γλυκού ακατέργαστη σκόνη κακάο χωρίς ζάχαρη

8 ουγγιές. κονσέρβες κομμένες σε κύβους πράσινα τσίλι

15 ουγκιές. κονσέρβα ψητές ντομάτες σε κύβους

8 ουγγιές. κονσέρβα βιολογική σάλτσα ντομάτας

1 φλιτζάνι ζωμός λαχανικών

2 κουταλιές της σούπας ωμό μηλόξυδο

1/4 φλιτζάνι δυνατός βρασμένος καφές

15 ουγκιές. μπορεί να φασόλια, στραγγισμένα και ξεπλυμένα

15 ουγκιές. κονσέρβα φασόλια, στραγγισμένα και ξεπλυμένα

15 ουγκιές. κονσέρβα μαύρα φασόλια, στραγγισμένα και ξεπλυμένα

ΓΙΑ ΝΑ ΕΞΥΠΗΡΕΤΗΣΕΙ:

2 μεγάλα αβοκάντο, καθαρισμένα και κομμένα σε κύβους

1 φλιτζάνι γιαούρτι με γάλα ξηρών καρπών

1 φλιτζάνι τυρί τσένταρ με βάση το γάλα ξηρών καρπών

1/4 φλιτζάνι φρέσκο κόλιαντρο ψιλοκομμένο

2 τορτίγιες χωρίς γλουτένη, φρυγανισμένες

ΚΑΤΕΥΘΎΝΣΕΙΣ:

Αλείφουμε ελαφρά το κατσαρολάκι με λάδι αβοκάντο.

Στο κατσαρολάκι, ανακατέψτε όλα τα υλικά τσίλι και ανακατέψτε να ομογενοποιηθούν και στη συνέχεια σκεπάστε.

Μαγειρέψτε για 4 ώρες σε υψηλή θερμοκρασία ή 8 ώρες σε χαμηλή, ή μέχρι να μαλακώσουν τα λαχανικά.

Δοκιμάζουμε και αλατοπιπερώνουμε αν χρειάζεται.

Σερβίρετε σε μπολ με τις γαρνιτούρες και την αγαπημένη σας καυτερή σάλτσα.

31. Τσίλι γαλοπούλας βραστή

Μερίδες: 8

Συνολικός χρόνος για DIRECTIONS 20 λεπτά

Συνολικός χρόνος για μαγείρεμα: 4 ώρες 20 λεπτά

ΣΥΣΤΑΤΙΚΆ:

1 κουταλιά της σούπας ελαιόλαδο (εξαιρετικό παρθένο)

1 μέτριο κρεμμύδι, κομμένο σε κύβους

Πεπερόνι, ψιλοκομμένο

Γαλοπούλα 1 κιλού που είναι 99 τοις εκατό άπαχη

2 κονσέρβες (15 oz.) πλυμένα και στραγγισμένα μαύρα φασόλια

2 κονσέρβες (15 oz.) πλυμένα και στραγγισμένα φασόλια

2 κουτάκια (15 oz.) σάλτσα ντομάτας

2 κονσέρβες (15 oz.) μικρές ντομάτες σε κυβάκια

1 βάζο (16 oz.) ψιλοκομμένες πιπεριές jalapeno, στραγγισμένες

1 φλιτζάνι κατεψυγμένο καλαμπόκι

2 κουταλιές της σούπας τσίλι σε σκόνη

1 κουταλιά της σούπας κύμινο

Αλάτι για γεύση

Ρίξε μαύρο πιπέρι

ΚΑΤΕΥΘΥΝΣΕΙΣ

Ζεσταίνουμε το λάδι σε ένα τηγάνι σε μέτρια φωτιά.

Προσθέστε τη γαλοπούλα στο τηγάνι και σοτάρετε μέχρι να ροδίσει.

Ρίξτε τη γαλοπούλα στο ταψί.

Προσθέστε το κρεμμύδι, το πεπερόνι, τη σάλτσα ντομάτας, τις ντομάτες κομμένες σε κύβους, τα φασόλια, το jalapenos, το καλαμπόκι, τη σκόνη τσίλι και το κύμινο. Ανακατεύουμε και αλατοπιπερώνουμε.

Σκεπάζουμε και μαγειρεύουμε σε υψηλή θερμοκρασία για 4 ώρες ή σε χαμηλή φωτιά για 6 ώρες.

32. Σούπα με κολοκυθάκια και φακές

Μερίδες: 4-6

Συνολικός χρόνος για DIRECTIONS 10 λεπτά

Συνολικός χρόνος για μαγείρεμα: 40 λεπτά

ΣΥΣΤΑΤΙΚΆ:

1 μεγάλο κρεμμύδι, κομμένο σε κύβους

1 κολοκύθα βουτύρου καθαρισμένη και κομμένη σε κύβους

1 φλιτζάνι καφέ φακές

8 φλιτζάνια ζωμό λαχανικών

2 κουταλάκια του γλυκού ψιλοκομμένο σκόρδο

1 φύλλο δάφνης

1/2 κουταλάκι του γλυκού αλεσμένο μοσχοκάρυδο

1 φλιτζάνι σπανάκι, ψιλοκομμένο

1/2 κουταλάκι του γλυκού αλάτι

ΚΑΤΕΥΘΥΝΣΕΙΣ

Προσθέστε όλα τα υλικά εκτός από το σπανάκι στο κατσαρολάκι σας και ανακατέψτε καλά.

Μαγειρέψτε 3 έως 4 ώρες σε υψηλή ισχύ ή 6 έως 8 ώρες σε χαμηλή ισχύ.

Αφαιρούμε τη δάφνη και βάζουμε περίπου το 50% της σούπας, σε παρτίδες αν χρειάζεται, στο μπλέντερ και πολτοποιούμε μέχρι να ομογενοποιηθεί. Προσθέστε την ανάμεικτη σούπα με το μη αναμειγμένο μέρος στο κατσαρολάκι και ανακατέψτε.

Προσθέστε το ψιλοκομμένο σπανάκι και ανακατέψτε μέχρι να μαλακώσει.

33. Σούπα ζαμπόν και φασολάδας Pinto

Αποδόσεις: 6 μερίδες

ΣΥΣΤΑΤΙΚΆ

1 κιλό αποξηραμένα φασόλια pinto

1 ½ λίβρα κότσι ζαμπόν με κόκαλα

¾ φλιτζάνι κέτσαπ

½ κουταλάκι του γλυκού αλάτι

8 φλιτζάνια νερό (δεν χρειάζεται μέχρι την ημέρα του μαγειρέματος)

Πλαστική σακούλα κατάψυξης μεγέθους 1 γαλονιού

ΚΑΤΕΥΘΥΝΣΕΙΣ

Στη σακούλα κατάψυξης, προσθέστε όλα τα υλικά εκτός από το νερό.

Σφραγίζουμε και καταψύχουμε για έως και τρεις μήνες.

Το βράδυ πριν το μαγείρεμα, μεταφέρετε την παγωμένη σακούλα στο ψυγείο σας για να ξεπαγώσει.

Ρίξτε το περιεχόμενο της σακούλας κατάψυξης στην κατσαρόλα σας και προσθέστε νερό.

Σκεπάζουμε και μαγειρεύουμε σε «υψηλό» για 5-6 ώρες, «χαμηλά» για 8 ώρες ή μέχρι να χωριστούν τα φασόλια.

Αφαιρέστε το ζαμπόν, ψιλοκόψτε τα κόκαλα και επιστρέψτε το ψιλοκομμένο κρέας στην κατσαρόλα.

Σερβίρουμε με ψωμί και μια σαλάτα.

34. Ιταλική σούπα Minestrone

ΣΥΝΟΛΙΚΟΣ ΧΡΟΝΟΣ ΜΑΓΕΙΡΕΜΑΤΟΣ: 20 ΛΕΠΤΑ

ΜΕΡΙΔΕΣ: 4

ΣΥΣΤΑΤΙΚΆ:

1 καρότο, ψιλοκομμένο

1 κουταλάκι του γλυκού αποξηραμένος βασιλικός

1 κρεμμύδι, ψιλοκομμένο

4 σκελίδες σκόρδο, ψιλοκομμένες

Ελαιόλαδο, 4 κουτ

Ζωμός, 4 φλ

3 ουγκιές. κοχύλια ζυμαρικών κινόα

1 κουταλάκι του γλυκού αποξηραμένη ρίγανη

2 κοτσάνια σέλινου, ψιλοκομμένα

Κονσέρβα 15 ουγγιών φασόλια κανελίνι

Ρίξε μαύρο πιπέρι

1 βολβός μάραθου, ψιλοκομμένος

1 κολοκυθάκι, ψιλοκομμένο

4 φλιτζάνια baby σπανάκι

14 ουγγιές ψητές ντομάτες σε κύβους

1 κουταλάκι του γλυκού θαλασσινό αλάτι

ΚΑΤΕΥΘΎΝΣΕΙΣ:

Σε λίγο λάδι σοτάρουμε το κρεμμύδι, το σκόρδο, το σέλινο, το καρότο, τον βασιλικό και τη ρίγανη. σιγοβράζουμε, ανακατεύοντας κατά διαστήματα, για 3 λεπτά.

Μαγειρέψτε τα κολοκυθάκια και το μάραθο μαζί για άλλα 3 λεπτά.

Προσθέτουμε το ζωμό και τις ντομάτες.

Όταν τα ζυμαρικά είναι σχεδόν έτοιμο, προσθέστε τα λαχανικά, χαμηλώστε τη φωτιά σε σημείο βρασμού και μαγειρέψτε για 8 λεπτά.

Μαγειρέψτε για άλλα τρία λεπτά αφού προσθέσετε τα φασόλια και το σπανάκι.

35. Αμερικάνικο λευκό τσίλι

ΣΥΝΟΛΙΚΟΣ ΧΡΟΝΟΣ ΜΑΓΕΙΡΕΜΑΤΟΣ: 30 ΛΕΠΤΑ

ΜΕΡΙΔΕΣ: 4

ΣΥΣΤΑΤΙΚΆ:

1 φλιτζάνι ξηρή κινόα, ξεπλυμένη και ψημένη

1/4 φλιτζάνι κόλιαντρο ψιλοκομμένο

30 ουγγιές φασόλια κανελίνι, στραγγισμένα

2 κουταλιές της σούπας ελαιόλαδο

4 σκελίδες σκόρδο, ψιλοκομμένες

Καπνιστή πάπρικα, 1/2 κουτ

Τσίλι σε σκόνη, 1 κουταλιά της σούπας

1 κουταλάκι του γλυκού αλεσμένο κόλιανδρο

1 κουταλάκι του γλυκού θαλασσινό αλάτι

2 φλιτζάνια ζωμό λαχανικών

1 jalapeno

2 κουταλάκια του γλυκού αποξηραμένη ρίγανη

2 κρεμμύδια, ψιλοκομμένα

2 πιπεριές, ψιλοκομμένες

ΚΑΤΕΥΘΎΝΣΕΙΣ:

Σοτάρουμε με λάδι τα κρεμμύδια, τις πιπεριές και το σκόρδο για 3 λεπτά.

Προσθέστε μπαχαρικά, φασόλια και ζωμό. αφήνουμε να πάρει μια βράση.

Μαγειρέψτε για 18 λεπτά, ανακατεύοντας κατά διαστήματα, σκεπασμένο.

Προσθέτουμε το αλάτι και τον κόλιαντρο.

36. Χρυσή κολοκυθόσουπα με τραγανό φασκόμηλο

ΣΥΝΟΛΙΚΟΣ ΧΡΟΝΟΣ ΜΑΓΕΙΡΕΜΑΤΟΣ: 15 ΛΕΠΤΑ

ΜΕΡΙΔΙΕΣ: 6

ΣΥΣΤΑΤΙΚΆ

Κανέλα σε σκόνη, 1 κουτ

Σκόνη καγιέν, 1 κουταλάκι του γλυκού

2 κουταλιές της σούπας καθαρό σιρόπι σφενδάμου

1 κουταλιά της σούπας κιμά φασκόμηλο

14 ουγγιές γάλα καρύδας

Ελαιόλαδο, 2 κουταλιές της σούπας

5 φλιτζάνια κολοκύθα, κομμένη σε κύβους και ψημένη στη σχάρα

Αλάτι Kosher και αλεσμένο πιπέρι

1 ασκαλώνιο, κομμένο σε κύβους

Ρίξε θαλασσινό αλάτι

4 κουταλιές της σούπας αλατισμένο βούτυρο

1 φλιτζάνι ωμούς σπόρους κολοκύθας, φρυγανισμένους

ΚΑΤΕΥΘΎΝΣΕΙΣ

Ρυθμίστε το φούρνο στους 400°F.

Ρίξτε κολοκύθα Butternut, ασκαλώνια, ελαιόλαδο, σιρόπι σφενδάμου, αλεσμένο φασκόμηλο, πιπέρι καγιέν, κανέλα και λίγο αλάτι και πιπέρι χρησιμοποιώντας μια κατσαρόλα Crockpot.

Πολτοποιήστε τα ψητά λαχανικά με λίγο νερό μέχρι να ομογενοποιηθούν.

Προσθέστε το μισό βούτυρο, και το γάλα καρύδας και σιγοβράστε για 5 λεπτά.

Λιώστε το υπόλοιπο βούτυρο και μαγειρέψτε ολόκληρα τα φύλλα φασκόμηλου για ένα λεπτό ανά πλευρά.

Προσθέστε αλάτι στο φασκόμηλο και τους σπόρους κολοκύθας στο τηγάνι.

Σερβίρουμε γαρνίροντας με τραγανά φύλλα φασκόμηλου και κολοκυθόσπορους.

37. Ψητή σούπα ντομάτας με βούτυρο

ΣΥΝΟΛΙΚΟΣ ΧΡΟΝΟΣ ΜΑΓΕΙΡΕΜΑΤΟΣ: 10 ΛΕΠΤΑ

ΜΕΡΙΔΕΣ: 4

ΣΥΣΤΑΤΙΚΆ

ΣΟΥΠΑ ΒΑΣΙΛΙΚΟΣ ΝΤΟΜΑΤΑΣ

1 φλιτζάνι πλήρες γάλα

1 κρεμμύδι

2 κουταλιές της σούπας θυμάρι

28 ουγγιές ολόκληρες αποφλοιωμένες ντομάτες, ψητές

Αλάτι Kosher και αλεσμένο πιπέρι

3 κουταλιές της σούπας αλατισμένο βούτυρο

6 κουταλιές της σούπας πέστο βασιλικού λεμονιού

ΚΑΤΕΥΘΎΝΣΕΙΣ

Ανακατέψτε τις ψητές ντομάτες, το κρεμμύδι και το γάλα μέχρι να ομογενοποιηθούν.

Συνδυάστε τα πάντα, εκτός από το πέστο, χρησιμοποιώντας ένα Crockpot και ζεστάνετε το καλά για 3 λεπτά στους 425°F.

Πασπαλίζουμε με 3 κουταλιές της σούπας πέστο.

38. Κοτόπουλο σούπα με μανιτάρια

ΣΥΝΟΛΙΚΟΣ ΧΡΟΝΟΣ ΜΑΓΕΙΡΕΜΑΤΟΣ: 40 ΛΕΠΤΑ

ΜΕΡΙΔΙΕΣ: 8

ΣΥΣΤΑΤΙΚΆ

10 σκελίδες σκόρδο, ψιλοκομμένες
1 κουταλάκι του γλυκού κόκκινη πιπεριά, κομμένη σε κύβους
2 φύλλα δάφνης
12 ουγγιές λάχανο, οι μίσχοι αφαιρούνται, τα φύλλα σπασμένα
1 κιλό προκομμένα μανιτάρια εμπλουτισμένα με βιταμίνη D
2 κιλά στήθη κοτόπουλου χωρίς κόκαλα, χωρίς δέρμα
2 φλιτζάνια κρεμμύδι, κομμένο σε κύβους
2 κουταλιές της σούπας λάδι καρύδας
15 ουγκιές. ρεβίθια, στραγγισμένα
8 φλιτζάνια ζωμό κότας χωρίς αλάτι
3 κοτσάνια σέλινου, κομμένα σε φέτες
2 καρότα, κομμένα σε φέτες
4 κλωναράκια θυμάρι
Αλάτι Kosher, 2 κουτ

ΚΑΤΕΥΘΎΝΣΕΙΣ

Σοτάρουμε με λάδι τα καρότα, το κρεμμύδι και το σέλινο για 5 λεπτά.
Προσθέτουμε τα μανιτάρια, το σκόρδο, τα ρεβίθια, το ζωμό, το θυμάρι και τα φύλλα δάφνης και αφήνουμε να πάρουν μια βράση.
Προσθέστε το κοτόπουλο, αλάτι και πιπέρι και στη συνέχεια σιγοβράστε το κοτόπουλο για περίπου 30 λεπτά.
Κόβουμε το κρέας και πετάμε τα κόκαλα.
Μαγειρέψτε το Kale για 5 λεπτά και στη συνέχεια προσθέστε το ψιλοκομμένο κοτόπουλο.

39. Σούπα εμπλουτισμένη με Crockpot

ΣΥΝΟΛΙΚΟΣ ΧΡΟΝΟΣ ΜΑΓΕΙΡΕΜΑΤΟΣ: 30 ΛΕΠΤΑ

ΜΕΡΙΔΙΕΣ: 8

ΣΥΣΤΑΤΙΚΆ

1 κιλό προκομμένα μανιτάρια εμπλουτισμένα με βιταμίνη D
2 κουταλιές της σούπας λάδι
2 φλιτζάνια κρεμμύδι, κομμένο σε κύβους
10 σκελίδες σκόρδο, ψιλοκομμένες
12 ουγκιές. σγουρό κατσαρό λάχανο, αφαιρούνται οι μίσχοι,
σπασμένα φύλλα
8 φλιτζάνια ζωμό κότας χωρίς αλάτι
Αλάτι Kosher, 2 κουτ
3 κοτσάνια σέλινου, κομμένα σε φέτες
2 κιλά γαλοπούλα χωρίς κόκαλα, χωρίς δέρμα
4 κλωναράκια θυμάρι
2 φύλλα δάφνης
2 καρότα, κομμένα σε φέτες
15 ουγκιές. ρεβίθια, στραγγισμένα
1 κουταλάκι του γλυκού τριμμένη κόκκινη πιπεριά

ΚΑΤΕΥΘΎΝΣΕΙΣ

Σοτάρουμε με λάδι όλα τα υλικά, εκτός από τη γαλοπούλα και το
λάχανο. σκεπάζουμε και σιγοβράζουμε για 25 λεπτά.
Προσθέστε τη γαλοπούλα και το λάχανο στο ζωμό. σκεπάζουμε και
βράζουμε για 5 λεπτά.

40. Σούπα κουνουπιδιού με χρυσό κουρκουμά

ΣΥΝΟΛΙΚΟΣ ΧΡΟΝΟΣ ΜΑΓΕΙΡΕΜΑΤΟΣ: 30 ΛΕΠΤΑ

ΜΕΡΙΔΕΣ: 4

ΣΥΣΤΑΤΙΚΆ

3 σκελίδες σκόρδο, ψιλοκομμένες

3 κουταλιές της σούπας σταφυλέλαιο

$\frac{1}{8}$ κουταλιές της σούπας θρυμματισμένες νιφάδες κόκκινης πιπεριάς

1 κουταλιά της σούπας κουρκουμά

$\frac{1}{4}$ φλιτζάνι πλήρες γάλα καρύδας

6 φλιτζάνια λουλούδια κουνουπιδιού

1 κουταλιά της σούπας κύμινο σε σκόνη

1 βολβό κρεμμύδι ή μάραθο, ψιλοκομμένο

3 φλιτζάνια ζωμό λαχανικών

ΚΑΤΕΥΘΎΝΣΕΙΣ

Ρυθμίστε το φούρνο στους 450 βαθμούς.

Μαγειρέψτε το κουνουπίδι και το σκόρδο σε λάδι.

Ανακατεύουμε να καλυφθούν ομοιόμορφα με τον κουρκουμά, το κύμινο και τις νιφάδες κόκκινης πιπεριάς.

Το κουνουπίδι πρέπει να απλωθεί σε ένα μόνο στρώμα σε ένα ταψί και να ψηθεί για 30 λεπτά ή μέχρι να ροδίσει.

Σοτάρουμε το κρεμμύδι με την υπόλοιπη 1 κουταλιά της σούπας λάδι χρησιμοποιώντας ένα κατσαρολάκι.

Σε μια κατσαρόλα ανακατεύουμε το υπόλοιπο κουνουπίδι με τα κρεμμύδια και το ζωμό λαχανικών.

Πολτοποιήστε μέχρι να ομογενοποιηθεί και σερβίρετε με λίγο γάλα καρύδας.

41.Σούπα κροκποτ hangover

ΣΥΝΟΛΙΚΟΣ ΧΡΟΝΟΣ ΜΑΓΕΙΡΕΜΑΤΟΣ: 45 ΛΕΠΤΑ

ΜΕΡΙΔΙΕΣ: 6

ΣΥΣΤΑΤΙΚΆ

16-ουγγιά μπορεί να ξινολάχανο? ξεπλυμένα

2 φέτες μπέικον, ψημένες

½ κιλό πολωνικό λουκάνικο. κομμένο σε φέτες και ψημένο

1 κρεμμύδι? ψιλοκομμένο

2 κουταλιές της σούπας αλεύρι

2 κοτσάνια σέλινο? κομμένο φέτες

4 φλιτζάνια ζωμό βοδινού

1 κουταλάκι του γλυκού σπόρος κύμινο

2 ντομάτες? ψιλοκομμένο

1 πιπεριά? ψιλοκομμένο

2 κουταλάκια του γλυκού πάπρικα

1 φλιτζάνι μανιτάρια, κομμένα σε φέτες

½ φλιτζάνι κρέμα γάλακτος

ΚΑΤΕΥΘΎΝΣΕΙΣ

Μαγειρέψτε τα λαχανικά μέχρι να μαλακώσουν και προσθέστε το κρεμμύδι και την πράσινη πιπεριά.

Προσθέστε το μαγειρεμένο λουκάνικο και το μπέικον, το ζωμό βοδινού, το ξινολάχανο, τις ντομάτες, την πάπρικα και τους σπόρους του κύμινο.

Μαγειρέψτε για 45 λεπτά.

Ανακατεύουμε το αλεύρι και την κρέμα γάλακτος και τα ενσωματώνουμε στη σούπα.

Γεμίστε ξανά το Crockpot με τα πάντα και μαγειρέψτε για ένα επιπλέον λεπτό.

42. Ζωμός shoyu Crockpot

ΣΥΝΟΛΙΚΟΣ ΧΡΟΝΟΣ ΜΑΓΕΙΡΕΜΑΤΟΣ: 10 ΛΕΠΤΑ

ΜΕΡΙΔΕΣ: 4

ΣΥΣΤΑΤΙΚΆ:

5 αποξηραμένα μανιτάρια shiitake, σπασμένα σε κομμάτια

4 κουταλάκια του γλυκού λάδι καρύδας

4 κουταλιές της σούπας κόκκοι dashi

3 φρέσκα κρεμμυδάκια, κομμένα σε φέτες

1 μήλο, καθαρισμένο, ξεφλουδισμένο και ψιλοκομμένο

1 κουταλάκι του γλυκού λευκό πιπέρι

5 σκελίδες σκόρδο, καθαρισμένες

4 κομμάτια βοδιού

1 κρεμμύδι, κομμένο σε κύβους

2 κοτσάνια σέλινου, ψιλοκομμένα

1 λεμόνι

2 λίτρα ζωμό κότας

2 καρότα, καθαρισμένα και ψιλοκομμένα

175 ml σάλτσα σόγιας

2 κουταλάκια του γλυκού αλάτι

1 ολόκληρο κοτόπουλο

1 φύλλο δάφνης

ΚΑΤΕΥΘΎΝΣΕΙΣ:

Στην κατσαρόλα, προσθέστε το λάδι καρύδας, το ξηρό Shiitake, το μήλο, το σέλινο, τα καρότα, το κρεμμύδι και το σκόρδο.

Προσθέστε το κοτόπουλο, την ουρά βοδιού και το λεμόνι.

Ζεσταίνουμε το Crockpot στους 90°C και το βάζουμε στο φούρνο για 10 ώρες. βάζετε τη σούπα να πάρει μια βράση.

Ρίξτε μέσα τα μακαρόνια.

43. Σούπα φακές

ΣΥΝΟΛΙΚΟΣ ΧΡΟΝΟΣ ΜΑΓΕΙΡΕΜΑΤΟΣ: 30 ΛΕΠΤΑ

ΜΕΡΙΔΕΣ: 4

ΣΥΣΤΑΤΙΚΆ

1 φλιτζάνι κρεμμύδι, κομμένο σε κύβους

2 κουταλάκια του γλυκού αλάτι

1/2 κουταλάκι του γλυκού κόλιανδρο σε σκόνη

2 λίτρα ζωμός κοτόπουλου ή λαχανικών

1 κιλό φακές

Ντομάτες ψιλοκομμένες, 1 φλ

Καρότο ψιλοκομμένο, 1/2 φλ

Σέλινο ψιλοκομμένο, 1/2 φλ

2 κουταλιές της σούπας ελιάλάδι

1 κουταλάκι του γλυκού κύμινο

ΚΑΤΕΥΘΎΝΣΕΙΣ

Σοτάρουμε με λάδι το σέλινο, το κρεμμύδι και το καρότο με μια πρέζα αλάτι.

Ανακατεύουμε μέσα τον κόλιανδρο, το κύμινο, τις φακές, τις ντομάτες και το ζωμό.

Σιγοβράζουμε για λίγα λεπτά.

Χρησιμοποιώντας ένα μπλέντερ, πολτοποιήστε το μείγμα στην επιθυμητή υφή.

44. Αφρικανική σούπα φυστικιών

ΣΥΝΟΛΙΚΟΣ ΧΡΟΝΟΣ ΜΑΓΕΙΡΕΜΑΤΟΣ: 10 ΛΕΠΤΑ

ΜΕΡΙΔΕΣ: 4

ΣΥΣΤΑΤΙΚΆ

1 κρεμμύδι, ψιλοκομμένο

1 κουταλιά της σούπας λάδι κανόλα

κόλιανδρος, 2 κουταλιές της σούπας

Χυμός λεμονιού, 2 κουταλιές της σούπας

2 κοτσάνια σέλινου, ψιλοκομμένα

2 κουταλιές της σούπας ψιλοκομμένα φιστίκια

1 σκελίδα σκόρδο, ψιλοκομμένη

2 καρότα, ψιλοκομμένα

1 κουταλιά της σούπας τζίντζερ, ψιλοκομμένο

3 φλιτζάνια ζωμό λαχανικών

ΚΑΤΕΥΘΎΝΣΕΙΣ

Σοτάρετε τα πάντα, εκτός από το φυστικοβούτυρο και το χυμό λεμονιού, για 5 λεπτά.

Μεταφέρετε σε μπλέντερ και επεξεργαστείτε καλά.

Προσθέστε τη σούπα πίσω στην κατσαρόλα μαζί με το φυστικοβούτυρο και το χυμό λεμονιού. μαγειρέψτε για 5 λεπτά.

45. Crockpot κοτόσουπα

ΣΥΝΟΛΙΚΟΣ ΧΡΟΝΟΣ ΜΑΓΕΙΡΕΜΑΤΟΣ: 1 ΩΡΑ

ΜΕΡΙΔΙΕΣ: 8

ΣΥΣΤΑΤΙΚΆ

2 κουταλιές της σούπας σχοινόπρασο ψιλοκομμένο

3 κιλά τηγανητό κοτόπουλο

$\frac{1}{2}$ κουταλάκι του γλυκού εστραγκόν, ψιλοκομμένο

2 κούπες ντομάτες ψιλοκομμένες

1 φλιτζάνι κόκκους καλαμποκιού

$\frac{1}{2}$ φλιτζάνι φρέσκα κρεμμυδάκια, ψιλοκομμένα

1 κουταλάκι βασιλικό, ψιλοκομμένο

$\frac{1}{2}$ φλιτζάνι αρακά ξεφλουδισμένο

6 φλιτζάνια ζωμό κοτόπουλου απολιπασμένος

$\frac{1}{2}$ φλιτζάνι γλυκοπατάτες κομμένες σε κύβους

$\frac{1}{2}$ φλιτζάνι ξηρό σέρι

ΚΑΤΕΥΘΎΝΣΕΙΣ

Μαγειρέψτε τα κομμάτια κοτόπουλου σε σέρι για περίπου 10 λεπτά και στη συνέχεια προσθέστε τις ντομάτες, το καλαμπόκι, τα φρέσκα κρεμμυδάκια και τις γλυκοπατάτες.

Μαγειρέψτε για 5 λεπτά αφού προσθέσετε τον αρακά, τα φρέσκα κρεμμυδάκια, το βασιλικό, το εστραγκόν και το τσίλι.

Προσθέστε τα κομμάτια κοτόπουλου, το νερό και το ζωμό.

Σιγοβράζουμε για 50 λεπτά.

46. Γερμανική σούπα πατάτας

ΣΥΝΟΛΙΚΟΣ ΧΡΟΝΟΣ ΜΑΓΕΙΡΕΜΑΤΟΣ: 1 ΩΡΑ 15 ΛΕΠΤΑ

ΜΕΡΙΔΙΕΣ: 6

ΣΥΣΤΑΤΙΚΆ:

6 φλιτζάνια νερό

3 φλιτζάνια πατάτες καθαρισμένες σε κύβους

1 $\frac{1}{4}$ φλιτζάνι σέλινο σε φέτες

$\frac{1}{2}$ κουταλάκι του γλυκού αλάτι

$\frac{1}{2}$ φλιτζάνι κρεμμύδι, κομμένο σε κύβους

1/8 κουταλάκι του γλυκού πιπέρι

Κεφτεδάκι:

$\frac{1}{2}$ κουταλάκι του γλυκού αλάτι

1 αυγό χτυπημένο

1/3 φλιτζάνι νερό

1 φλιτζάνι αλεύρι για όλες τις χρήσεις

ΚΑΤΕΥΘΎΝΣΕΙΣ

Ανακατέψτε τα πρώτα 6 υλικά χρησιμοποιώντας ένα κατσαρολάκι και σιγοβράστε για περίπου 1 ώρα μέχρι να μαλακώσουν. Αφαιρούμε και πολτοποιούμε τα λαχανικά

ΓΙΑ ΤΑ ΤΟΥΡΟΥΛΙΑ:

Ανακατεύουμε το αλεύρι, το νερό, το αλάτι και το αυγό.

Ρίξτε πάνω στη ζεστή σούπα.

Σκεπάζουμε και μαγειρεύουμε για περίπου 15 λεπτά.

47. Χάμπουργκερ σούπα λαχανικών

ΣΥΝΟΛΙΚΟΣ ΧΡΟΝΟΣ ΜΑΓΕΙΡΕΜΑΤΟΣ: 1 ΩΡΑ

ΜΕΡΙΔΙΕΣ: 6

ΣΥΣΤΑΤΙΚΆ:

2 φλιτζάνια πατάτες κομμένες σε κύβους

4 φλιτζάνια ντομάτες σε κονσέρβα

1 κιλό μοσχαρίσιο κιμά

1 $\frac{1}{2}$ φλιτζάνι σέλινο κομμένο σε φέτες

$\frac{1}{2}$ φλιτζάνι ρύζι

5 φλιτζάνια νερό

1 φλιτζάνι κρεμμύδι, κομμένο σε κύβους

2 φλιτζάνια λάχανο τριμμένο

1 φύλλο δάφνης

ΚΑΤΕΥΘΎΝΣΕΙΣ

Σοτάρετε το κρεμμύδι με ένα κατσαρολάκι και στη συνέχεια ροδίζετε το κρέας.

Προσθέστε τα υπόλοιπα υλικά και σιγοβράστε τα λαχανικά για 1 ώρα ή μέχρι να μαλακώσουν.

OPEKTIKA

48. Smokies αργά μαγειρεμένα

Κάνει 8 μερίδες

ΣΥΣΤΑΤΙΚΆ

1 συσκευασία (14 ουγκιές) μινιατούρα καπνιστά λουκάνικα

1 μπουκάλι (28 ουγκιές) σάλτσα μπάρμπεκιου

1-1/4 φλιτζάνι νερό

3 κουταλιές της σούπας σάλτσα Worcestershire

3 κουταλιές της σούπας σάλτσα μπριζόλα

1/2 κουταλάκι του γλυκού πιπέρι

ΚΑΤΕΥΘΎΝΣΕΙΣ

Σε 3-qt. crockpot, συνδυάστε όλα τα υλικά. Σκεπάζουμε και μαγειρεύουμε σε χαμηλή φωτιά για 5-6 ώρες ή μέχρι να ζεσταθεί. Σερβίρουμε με τρυπητή κουτάλα.

49. Πιπεριές Γεμιστές Κόκποτ

Συνολικός Χρόνος: 60 Λεπτά

Μερίδες: 4

ΣΥΣΤΑΤΙΚΆ

2 κουταλάκια του γλυκού λάδι αβοκάντο

1 γλυκό κρεμμύδι, κομμένο σε κύβους

2 σέλινο, κομμένο σε φέτες

4 σκελίδες σκόρδο, ψιλοκομμένες

1 κουταλιά της σούπας τσίλι σε σκόνη

2 κουταλάκια του γλυκού κύμινο

1 1/2 κουταλάκι του γλυκού αποξηραμένη ρίγανη

2 φλιτζάνια μακρόσκοκο λευκό ρύζι, μαγειρεμένο και κρύο

1 φλιτζάνι κατεψυγμένα κουκούτσια καλαμποκιού

1 ντομάτα σε κύβους

1 κονσέρβα φασόλια, ξεπλυμένα και στραγγισμένα

1 πιπεριά chipotle σε adobo

άλας

5 πιπεριές

1 κονσέρβα σάλτσα enchilada

τυρί πιπέρι τζακ, τριμμένο

ΚΑΤΕΥΘΎΝΣΕΙΣ

Ζεσταίνουμε το λάδι σε ένα μεγάλο τηγάνι σε μέτρια προς δυνατή φωτιά. Προσθέστε το κρεμμύδι και το σέλινο και μαγειρέψτε, ανακατεύοντας συχνά, για περίπου 5 λεπτά. Προσθέστε το σκόρδο και μαγειρέψτε για περίπου 30 δευτερόλεπτα και αποσύρετε από τη φωτιά.

Προσθέστε τα μπαχαρικά και ανακατέψτε καλά. Σε ένα μεγάλο μπολ προσθέστε το ρύζι, τα φασόλια, το καλαμπόκι, την ντομάτα, την πιπεριά Chipotle, 1/4 φλιτζάνι σάλτσα enchilada και το μείγμα κρεμμυδιών. Ανακατεύουμε καλά και αλατοπιπερώνουμε.

Κόψτε τις κορυφές από τις πιπεριές και αφαιρέστε τους σπόρους και τα παϊδάκια. Γεμίζουμε με το μείγμα ρυζιού, συσκευάζοντας ελαφρά. Γέμισα το δικό μου μέχρι τη μέση, πρόσθεσα μια μικρή ποσότητα τυριού και μετά τελείωσα τη γέμιση. Μην βάζετε τυρί ακόμα από πάνω. Τοποθετούμε τις γεμιστές πιπεριές στο κατσαρολάκι.

Προσθέστε περίπου 1/2 ίντσα νερό στο σκεύος προσέχοντας να μην μπει νερό στις πιπεριές. Μαγειρέψτε σε χαμηλή θερμοκρασία για περίπου 4 ώρες. Περίπου 15 λεπτά πριν γίνουν, προσθέστε μια στρώση τυρί σε κάθε πιπεριά και αφήστε να τελειώσει το μαγείρεμα.

Σερβίρετε τις πιπεριές με την υπόλοιπη σάλτσα enchilada και επιπλέον τυρί αν θέλετε. Απολαμβάνω!

50.Φριτς κουνουπιδιού και τσένταρ

ΣΥΣΤΑΤΙΚΆ

½ κουταλάκι του γλυκού αλάτι
1 φλιτζάνι τυρί τσένταρ, τριμμένο
1 αυγό
1 κουταλιά της σούπας κρεμμύδι, κομμένο σε κύβους
Κουνουπίδι, 2 φλ
Μπέικιν πάουντερ, 2 κουτ
Φυτικό λάδι
Γάλα, 1 φλ
2 φλιτζάνια αλεύρι για όλες τις χρήσεις

ΚΑΤΕΥΘΎΝΣΕΙΣ

Ανακατεύουμε όλα τα υλικά.
Ζεσταίνουμε το λάδι στους 375 βαθμούς.
Βάλτε μια γεμάτη κουταλιά της σούπας ζύμη στο λάδι και τηγανίστε τις τηγανητές για ένα λεπτό ανά πλευρά ή μέχρι να ροδίσουν.

61. Τυροκομμένες τηγανητές πατάτες

ΣΥΝΟΛΙΚΟΣ ΧΡΟΝΟΣ ΜΑΓΕΙΡΕΜΑΤΟΣ: 8 ΛΕΠΤΑ
ΜΕΡΙΔΙΕΣ: 10 ΤΡΕΓΑΤΕΣ

ΣΥΣΤΑΤΙΚΟ
2 κιλά πατάτες φούρνου, μαγειρεμένες
⅓ φλιτζάνι βούτυρο μαλακωμένο
½ κουταλάκι του γλυκού πιπέρι
πρέζα μοσχοκάρυδο
5 κρόκο αυγού
2 κουταλιές της σούπας μαϊντανό
Αλάτι, 1 κουτ
2 φλιτζάνια ιταλική τριμμένη φρυγανιά
1 φλιτζάνι αλεύρι για όλες τις χρήσεις
4 ουγγιές τυρί μοτσαρέλα
2 αυγά ελαφρά χτυπημένα

ΚΑΤΕΥΘΎΝΣΕΙΣ
Συνδυάστε τις πατάτες με το βούτυρο πριν προσθέσετε τα πρόσθετα συστατικά, συμπεριλαμβανομένων των κρόκων των αυγών.
Φτιάξτε 10 τηγανίτες και περικυκλώστε την καθεμία με ένα κομμάτι τυρί ώστε να σχηματιστεί ένα οβάλ.
Αλευρώστε το καθένα ελαφρά, μετά βουτήξτε τα σε χτυπημένα αυγά και αλείψτε τα με τριμμένη ιταλική φρυγανιά. διατηρώ ψυχρόν.
Ζεσταίνουμε το λάδι στους 350 βαθμούς και τηγανίζουμε τηγανίτες για 8 λεπτά, αναποδογυρίζοντας μια φορά.

52. Ινδικές πατάτες με κύμινο

ΣΥΝΟΛΙΚΟΣ ΧΡΟΝΟΣ ΜΑΓΕΙΡΕΜΑΤΟΣ: 5 ΛΕΠΤΑ
ΜΕΡΙΔΙΕΣ: 6

ΣΥΣΤΑΤΙΚΆ
1 πατατούλα, κομμένη σε λωρίδες και μουλιασμένη
1 λίτρο φυτικό λάδι για το τηγάνισμα
1/4 κουταλάκι του γλυκού σκόνη κάρυ
1/4 κουταλάκι του γλυκού κύμινο
άλας

ΚΑΤΕΥΘΎΝΣΕΙΣ
Ζεσταίνουμε το λάδι χρησιμοποιώντας μια κατσαρόλα στους 275 βαθμούς και στη συνέχεια τηγανίζουμε τις πατάτες για 6 λεπτά, τις αναποδογυρίζουμε και τηγανίζουμε για άλλα 3 λεπτά.

Ανεβάζουμε τη θερμοκρασία στους 350 βαθμούς και στη συνέχεια τηγανίζουμε ξανά τις πατάτες για 5 λεπτά.

Βάζουμε όλα τα πατατάκια σε ένα μπολ, τα πασπαλίζουμε με αλάτι, το κύμινο και το κάρυ και τα ανακατεύουμε καλά.

53.   Μπιφτέκια με μπιφτέκια

ΣΥΝΟΛΙΚΟΣ ΧΡΟΝΟΣ ΜΑΓΕΙΡΕΜΑΤΟΣ: 10 ΛΕΠΤΑ
ΜΕΡΙΔΙΕΣ: 6

ΣΥΣΤΑΤΙΚΆ:
$\frac{1}{4}$ φλιτζάνι σάλτσα μπάρμπεκιου
χάμπουργκερ 2 κιλών
Σάλτσα Worcestershire, 1 κουταλιά της σούπας
$\frac{1}{4}$ φλιτζάνι σάλτσα ντομάτας
2 αυγα
8 κρακεράκια, θρυμματισμένα
1 κρεμμύδι, ψιλοκομμένο
Αλάτι, 1 κουτ
1 κουταλάκι του γλυκού πιπέρι
1 κουταλιά της σούπας μαϊντανό ψιλοκομμένο
1 κουταλάκι του γλυκού αλεσμένη ρίγανη

ΚΑΤΕΥΘΎΝΣΕΙΣ
Συνδυάστε όλα τα υλικά και στη συνέχεια δημιουργήστε 8 μπουρεκάκια.
Τοποθετήστε τα μπιφτέκια στο θερμαινόμενο καπάκι.
Γυρίστε μετά από 4 λεπτά μαγειρέματος και μαγειρέψτε για άλλα 4 λεπτά.

54.   Μπουρίτο για επιδόρπιο Crockpot

ΣΥΝΟΛΙΚΟΣ ΧΡΟΝΟΣ ΜΑΓΕΙΡΕΜΑΤΟΣ: 25 ΛΕΠΤΑ
ΜΕΡΙΔΙΕΣ: 6

ΣΥΣΤΑΤΙΚΆ:
1 κουτάκι γέμιση πίτας
12 τορτίγιες από αλεύρι
σαντιγί επικάλυψη

ΚΑΤΕΥΘΎΝΣΕΙΣ
Ρίχνουμε τη γέμιση στο Crockpot.

Τοποθετούμε μια τορτίγια στο θερμαινόμενο καπάκι, τη ζεσταίνουμε από τη μία πλευρά, την αναποδογυρίζουμε και τη ζεσταίνουμε την άλλη.

Πάρτε μια τορτίγια, απλώστε τη με γέμιση πίτας, τυλίξτε την σαν μπουρίτο και στη συνέχεια προσθέστε σαντιγί για να φτιάξετε το μπουρίτο σας.

55.   Κέικ τάκο κροκποτ

ΣΥΝΟΛΙΚΟΣ ΧΡΟΝΟΣ ΜΑΓΕΙΡΕΜΑΤΟΣ: 25 ΛΕΠΤΑ
ΜΕΡΙΔΙΕΣ: 6

ΣΥΣΤΑΤΙΚΆ
1 κουτί πράσινα τσίλι
1/4 κουταλάκι του γλυκού κόκκινη πιπεριά
4 τορτίγιες καλαμποκιού, ψημένες
1 κουτί πελτέ ντομάτας
1/4 κουταλάκι του γλυκού κύμινο
1 μπουκάλι σάλτσα taco
2 κιλά μοσχαρίσιο κιμά
1 κρεμμύδι, ψιλοκομμένο
8 ουγγιές. Τυρί Monterey jack τριμμένο

ΚΑΤΕΥΘΎΝΣΕΙΣ
Σοτάρουμε τον κιμά και το κρεμμύδι.
Προσθέστε την κόκκινη πιπεριά, το κύμινο, τα πράσινα τσίλι, τον πουρέ ντομάτας και τη σάλτσα taco.
Τυλίξτε αλουμινόχαρτο γύρω από το Crockpot.
Γεμίστε τις τορτίγιες με το μισό μείγμα μοσχαρίσιου κιμά και το μισό μείγμα σάλτσας.
Απλώστε το μείγμα κρέατος και σάλτσας που περίσσεψε πάνω από τη δεύτερη στρώση τορτίγιες.
Από πάνω βάζουμε τυρί.
Ψήνουμε με καπάκι μέχρι να λιώσει το τυρί.

56.   Crockpot Green Bean Meatloaf

ΣΥΝΟΛΙΚΟΣ ΧΡΟΝΟΣ ΜΑΓΕΙΡΕΜΑΤΟΣ: 30 ΛΕΠΤΑ
ΜΕΡΙΔΙΕΣ: 6

ΣΥΣΤΑΤΙΚΆ:
1 φλιτζάνι κρεμμύδι, κομμένο σε κύβους
2 φλιτζάνια πουρέ πατάτας
Δοχείο 14 ουγγιών πράσινα φασόλια, στραγγισμένα
1 κιλό χάμπουργκερ
κουτάκι 10 ουγγιών σούπας ντομάτας
$\frac{1}{2}$ φλιτζάνι τριμμένο τυρί τσένταρ

ΚΑΤΕΥΘΎΝΣΕΙΣ
Στο Crockpot, σοτάρουμε το μπιφτέκι και μετά στραγγίζουμε.
Προσθέστε πράσινα φασόλια και ένα κουτάκι ντοματόσουπα.
Προσθέστε το τυρί και τον πουρέ και ψήστε μέχρι να λιώσει το τυρί.

57. Εξαιρετικό Chile Relleno

ΣΥΝΟΛΙΚΟΣ ΧΡΟΝΟΣ ΜΑΓΕΙΡΕΜΑΤΟΣ: 1 ΩΡΑ
ΜΕΡΙΔΙΕΣ: 6

ΣΥΣΤΑΤΙΚΆ:
30 ουγγιές γάλα εβαπορέ
14 ουγγιές ολόκληρα πράσινα τσίλι, καθαρισμένα
Τυρί τσένταρ, 1 κιλό
Τυρί Monterey Jack, 1 κιλό
4 αυγά
16 ουγκιές κουτάκι σάλτσα ντομάτας
2 κουταλιές της σούπας τέσσερις

ΚΑΤΕΥΘΎΝΣΕΙΣ
Στρώνουμε τσίλι και πασπαλίζουμε άφθονο τυρί από πάνω.

Προσθέτουμε το αλεύρι και το γάλα εβαπορέ και ανακατεύουμε.

Ψήνουμε για περίπου 35 λεπτά.

Στρώνουμε από πάνω σάλτσα ντομάτας και Monterey Jack και μαγειρεύουμε για άλλα 17 λεπτά.

58. Ινδικό πεμμίκαν

ΣΥΝΟΛΙΚΟΣ ΧΡΟΝΟΣ ΜΑΓΕΙΡΕΜΑΤΟΣ: 10 ΛΕΠΤΑ

ΜΕΡΙΔΕΣ: 4

ΣΥΣΤΑΤΙΚΑ
1 φλιτζάνι σταφίδες
2 κιλά μοσχαρίσιο κρέας
1/2 φλιτζάνι σταφίδες
βοδινό λίπος

ΚΑΤΕΥΘΎΝΣΕΙΣ
Ανακατεύουμε το κρέας σε ένα λεπτό πουρέ χρησιμοποιώντας ένα μπλέντερ και μετά προσθέτουμε τις σταφίδες.
Αναποδογυρίστε σε ένα ταψί ζελέ και αφήστε το να κρυώσει εντελώς.
Κόβουμε σε λωρίδες και μετά σε φαρδιές ράβδους.
Χρησιμοποιήστε σακούλες Ziploc για αποθήκευση.

59. **Μπάλες λουκάνικων σε μια κατσαρόλα**

ΣΥΝΟΛΙΚΟΣ ΧΡΟΝΟΣ ΜΑΓΕΙΡΕΜΑΤΟΣ: 15 ΛΕΠΤΑ

ΜΕΡΙΔΕΣ: 6 ΔΕΚΑΔΕΣ

ΣΥΣΤΑΤΙΚΆ
3 φλιτζάνια μπισκότο
1 αυγό
6 ουγγιές τυρί τσένταρ, τριμμένο
1 κιλό λουκάνικο

ΚΑΤΕΥΘΎΝΣΕΙΣ

Συνδυάστε τα πάντα με τα χέρια σας.
Φτιάξτε μπάλες από τα τσιμπημένα κομμάτια.
Ψήνουμε στους 350 βαθμούς για 15 λεπτά

ΜΟΣΧΑΡΙ, ΧΟΙΡΙΝΟ ΚΑΙ ΚΟΤΟΠΟΥΛΟ

60. Σούπα Santa Fe

Σερβίρει 8

ΣΥΣΤΑΤΙΚΆ:

2 15-oz. κονσέρβες μαύρα φασόλια, στραγγισμένα και ξεπλυμένα

2 15-oz. κονσέρβες Fiesta Corn (περιλαμβάνει κόκκινες και πράσινες πιπεριές)

1 μπουκάλι από την αγαπημένη σας χοντρή και χοντρή σάλσα

4-5 στήθη κοτόπουλου χωρίς κόκαλα, χωρίς δέρμα (5 λίβρες)

8 ουγγιές. τυρί κρέμα με χαμηλά λιπαρά

ΚΑΤΕΥΘΎΝΣΕΙΣ:

Ανακατεύουμε μαζί τα φασόλια, το καλαμπόκι και το 1/2 βάζο της σάλτσας. Ρίξτε από πάνω στήθη κοτόπουλου και στη συνέχεια καλύψτε το κοτόπουλο με την υπόλοιπη σάλτσα. Καλύψτε και μαγειρέψτε σε υψηλή θερμοκρασία για 5-3 ώρες ή μέχρι το κοτόπουλο να γίνει τρυφερό και άσπρο. Βγάζουμε το κοτόπουλο και το κόβουμε σε μικρά κομμάτια και μετά το προσθέτουμε ξανά στην κατσαρόλα. Προσθέστε το τυρί κρέμα (χωρίστε το σε μικρότερα κομμάτια ώστε να λιώσει ευκολότερα.) Ανακατέψτε μέχρι να λιώσει τελείως το τυρί κρέμα και να ενσωματωθεί στη σάλτσα.

61. Κοτόπουλο Fiesta

Σερβίρει 6

ΣΥΣΤΑΤΙΚΆ:

2 λίβρες. στήθος κοτόπουλου, κομμένο σε λωρίδες 1 ίντσας

16 ουγκιές. salsa (οποιαδήποτε ποικιλία)

1 κονσέρβα κίτρινο και άσπρο καλαμπόκι (στραγγισμένο)

ΚΑΤΕΥΘΎΝΣΕΙΣ

Ανακατέψτε όλα τα υλικά σε κατσαρόλα, μαγειρέψτε σε χαμηλή θερμοκρασία για 6-8 ώρες.

62.Κοτόπουλο Teriyaki

Σερβίρει 4

ΣΥΣΤΑΤΙΚΆ:

1 15 ουγκιές. κονσέρβα κομμάτια ανανά ή μεζέδες σε δικό του χυμό - αστραγγισμένο 3/4 φλιτζάνι σάλτσα lite teriyaki

4 στήθη κοτόπουλου χωρίς κόκαλα, χωρίς δέρμα - ωμά

1 κονσέρβα κάστανα - στραγγισμένα

1 10-oz. pkg. κατεψυγμένο μπρόκολο ψιλοκομμένο (ή 2 φλιτζάνια φρέσκο)

ΚΑΤΕΥΘΎΝΣΕΙΣ

Συνδυάστε όλα τα υλικά σε κατσαρόλα εκτός από το μπρόκολο. Μαγειρέψτε 5-6 ώρες σε χαμηλή θερμοκρασία. Προσθέστε το μπρόκολο 30 λεπτά πριν το σερβίρετε και σκεπάστε για να ολοκληρωθεί το μαγείρεμα.

63. Τραβηγμένο κοτόπουλο ψητό

Σερβίρει 10

ΣΥΣΤΑΤΙΚΆ:

8 στήθη κοτόπουλου χωρίς κόκαλα και πέτσα

1 μεγάλο κρεμμύδι, κομμένο σε λεπτές λωρίδες

2 (16 oz.) βάζα Σάλτσα μπάρμπεκιου

ΚΑΤΕΥΘΎΝΣΕΙΣ

Πλένουμε τα στήθη κοτόπουλου και αφαιρούμε όλο το λίπος και τα τρίχια. Στεγνώστε ταμποναριστά. Σπρέι κατσαρόλα με αντικολλητικό μαγειρικό σπρέι. Τοποθετήστε τα στήθη κοτόπουλου στον πάτο της κατσαρόλας. Καλύπτουμε με λωρίδες κρεμμυδιού. Ρίξτε 3/4 βάζο σάλτσας πάνω από το κοτόπουλο. Μαγειρέψτε σε χαμηλή θερμοκρασία για 6-8 ώρες.

Αφαιρέστε τα στήθη κοτόπουλου και τα κρεμμύδια. Ψιλοκόψτε το κοτόπουλο και τα κρεμμύδια σε ένα πιάτο. Πετάξτε όλο το υγρό από το σκεύος. Τοποθετήστε ξανά το ψιλοκομμένο κοτόπουλο και τα κρεμμύδια στην κατσαρόλα. Ρίξτε ένα φλιτζάνι φρέσκια σάλτσα πάνω από το μείγμα. Ανακατέψτε καλά.

64. Χοιρινό ανανά

Σερβίρει 6

ΣΥΣΤΑΤΙΚΆ:

2 κιλά χοιρινό φιλέτο χωρίς κόκαλα, κομμένο από όλο το ορατό λίπος και κομμένο σε κομμάτια μεγέθους μπουκιάς 1/2 φλιτζάνι σάλτσα μπάρμπεκιου

1 κουτί (20 οz.) κομμάτια ανανά σε χυμό, χωρίς στράγγιση

3 κ.σ. άμυλο καλαμποκιού

2 μεγάλες πράσινες και 2 μεγάλες κόκκινες πιπεριές χοντροκομμένες

ΚΑΤΕΥΘΎΝΣΕΙΣ

Τοποθετήστε το χοιρινό σε κατσαρόλα. Προσθέστε σάλτσα μπάρμπεκιου. Ανακατέψτε καλά. Στραγγίστε τον ανανά, κρατώντας 1/4 φλιτζάνι από το χυμό. Προσθέστε κρατημένο χυμό στο άμυλο καλαμποκιού. ανακατεύουμε μέχρι να ομογενοποιηθούν καλά. Περιχύνουμε το μείγμα χοιρινού κρέατος. ανακατεύουμε μέχρι να ομογενοποιηθούν καλά. Από πάνω βάζουμε κομμάτια ανανά και πιπεριές. καλύψτε με καπάκι. Μαγειρέψτε σε υψηλή θερμοκρασία για 5 ώρες ή μέχρι να μαλακώσει και να ψηθεί το χοιρινό.

65. Κράνμπερι χοιρινό ψητό

Σερβίρει 12

ΣΥΣΤΑΤΙΚΆ:

1 (3-4 λίβρες) ψητό χοιρινό φιλέτο, κομμένο από όλο το ορατό λίπος

Αλάτι και πιπέρι για να γευτείς

1 φλιτζάνι φρέσκα κράνμπερι αλεσμένα ή ψιλοκομμένα

1/4 φλιτζάνι μέλι

1 κουταλάκι του γλυκού φρεσκοτριμμένη φλούδα πορτοκαλιού

1/8 κουταλάκι του γλυκού τριμμένο γαρύφαλλο και φρεσκοτριμμένο μοσχοκάρυδο

ΚΑΤΕΥΘΎΝΣΕΙΣ

Πασπαλίζουμε το ψητό με αλάτι και πιπέρι. Τοποθετούμε σε κατσαρόλα. Σε ένα μικρό μπολ ανακατεύουμε τα υπόλοιπα υλικά και περιχύνουμε το ψητό. Καλύψτε και μαγειρέψτε σε χαμηλή θερμοκρασία για 8 έως 10 ώρες ή μέχρι να μαλακώσει το ψητό. Κόψτε και σερβίρετε ζεστό.

66. Μήλο Μπάρμπεκιου Χοιρινό φιλέτο

Σερβίρει 12

ΣΥΣΤΑΤΙΚΆ:

1 πακέτο χοιρινό φιλέτο (2 φιλέτα – περίπου 3 λίβρες)

1 (25 ουγκιές) βάζο χοντρή σάλτσα μήλου

1 μπουκάλι σάλτσα μπάρμπεκιου

ΚΑΤΕΥΘΎΝΣΕΙΣ

Τοποθετήστε το κρέας σε κατσαρόλα. Σε ένα ξεχωριστό μπολ, ανακατέψτε τη σάλτσα μήλου και τη σάλτσα μπάρμπεκιου. Περιχύνουμε το κρέας. Μαγειρέψτε σε χαμηλή θερμοκρασία για 5 ώρες. Μεταφέρετε το χοιρινό σε ένα πιάτο. Κόβουμε και σερβίρουμε.

67. Pepperoncini London Broil

Σερβίρει 8

ΣΥΣΤΑΤΙΚΆ:

2 κιλά μπρόιλ Λονδίνου

Βάζο 16 oz κομμένο σε φέτες πιπεροντσίνι, οι χυμοί συγκρατούνται

1 μέτριο κρεμμύδι, κομμένο σε φέτες

1 πακέτο μανιτάρια κομμένα σε φέτες

ΚΑΤΕΥΘΎΝΣΕΙΣ

Βάλτε το London broil, το κρεμμύδι και το pepperoncini με τους χυμούς τους σε κατσαρόλα και μαγειρέψτε στο Low για 6 ώρες.

Την τελευταία ώρα περίπου του μαγειρέματος, προσθέστε μανιτάρια κομμένα σε φέτες.

Αφαιρέστε το London broil από την κατσαρόλα, το ψιλοκόψτε και επιστρέψτε στο crock pot.

ΣΥΝΕΧΕΙΑ

68. Ψήστε αργά το τυρί Mac N

Σερβίρει 12

ΣΥΣΤΑΤΙΚΆ:

16 ουγκιές. μακαρόνια αγκώνα, μαγειρεμένα al dente

2 κονσέρβες αποβουτυρωμένο γάλα εβαπορέ

2 αυγά χτυπημένα

4 φλιτζάνια τριμμένο τυρί 2% Sharp Cheddar, χωρισμένο

Αλάτι & πιπέρι για γεύση

ΚΑΤΕΥΘΎΝΣΕΙΣ

Χρησιμοποιώντας την κατσαρόλα ως μπολ ανάμειξης, ανακατέψτε όλα τα υλικά εκτός από ένα φλιτζάνι τυρί. Πασπαλίστε το υπόλοιπο φλιτζάνι τυρί ομοιόμορφα από πάνω. Ψήνουμε σε χαμηλή ρύθμιση για 3 ώρες.

69. Γλυκοπατάτες φούρνου σε κατσαρόλα

Σερβίρει 4

ΣΥΣΤΑΤΙΚΆ:

4 μέτριες γλυκοπατάτες – πλύνετε καλά και στεγνώστε

6 τετράγωνα δώδεκα ιντσών αλουμινόχαρτο

ΚΑΤΕΥΘΥΝΣΕΙΣ

Θρυμματίζουμε τα τετράγωνα αλουμινόχαρτο σε 6 στρογγυλές μπάλες. Τοποθετήστε τις μπάλες από αλουμινόχαρτο στον πάτο της κατσαρόλας σας.

Θα χρησιμεύσουν ως ράφι για τις πατάτες.

Τοποθετήστε ομοιόμορφα ολόκληρες τις γλυκοπατάτες (με τη φλούδα) πάνω από τις μπάλες από αλουμινόχαρτο. Σκεπάζουμε την κατσαρόλα και μαγειρεύουμε σε χαμηλή θερμοκρασία για 8 ώρες.

Οι γλυκοπατάτες μπορούν να σερβιριστούν με κανέλα, μαύρη ζάχαρη, καρύδια, πεκάν, marshmallows ή βότανα.

ΕΠΙΔΟΡΦΙΑ

70. Τούρτα ανάποδα ανανά

ΣΥΝΟΛΙΚΟΣ ΧΡΟΝΟΣ ΜΑΓΕΙΡΕΜΑΤΟΣ: 1 ΩΡΑ
ΜΕΡΙΔΙΕΣ: 8

ΣΥΣΤΑΤΙΚΆ:
1 ½ κουταλάκι του γλυκού μπέικιν πάουντερ
6 φέτες ανανά
2/3 φλιτζανιού καστανή ζάχαρη
½ κουταλάκι του γλυκού αλάτι
1/3 φλιτζάνι βούτυρο
Γάλα, 1 φλ
8-10 κεράσια μαρασκίνο
Βανίλια, 1 κουτ
1 αυγό
1 ¼ φλιτζάνι αλεύρι
1 φλιτζάνι ζάχαρη

ΚΑΤΕΥΘΎΝΣΕΙΣ
Τυλίξτε αλουμινόχαρτο γύρω από το Crockpot.
Ρυθμίστε το φούρνο στους 350 βαθμούς Φαρενάιτ.
Στο φούρνο λιώνουμε το βούτυρο και μετά προσθέτουμε την καστανή ζάχαρη πάνω από το βούτυρο.
Τακτοποιήστε τις φέτες ανανά και τα κεράσια με δαχτυλίδι ανανά πάνω από ένα μείγμα βουτύρου-ζάχαρης.
Ανακατεύουμε τα υπόλοιπα υλικά και χτυπάμε για 3 λεπτά ή μέχρι να ομογενοποιηθούν.
Στρώνουμε το κουρκούτι πάνω από την επικάλυψη ανανά.
Ψήνουμε για 50 λεπτά σε κάρβουνα από κάτω και από πάνω.

71.   Crockpot dump cake

ΣΥΝΟΛΙΚΟΣ ΧΡΟΝΟΣ ΜΑΓΕΙΡΕΜΑΤΟΣ: 25 ΛΕΠΤΑ
ΜΕΡΙΔΙΕΣ: 6

ΣΥΣΤΑΤΙΚΆ:
½ φλιτζάνι βούτυρο
Κονσέρβα 21 ουγκιών γέμιση φρουτόπιτας της επιλογής σας
1 κουτί μείγμα κέικ με γέμιση φρούτων
12 ουγγιές κουτάκι σόδα λεμόνι-λάιμ

ΚΑΤΕΥΘΎΝΣΕΙΣ
Τυλίξτε αλουμινόχαρτο γύρω από τον φούρνο σας.
Λιώστε το βούτυρο χρησιμοποιώντας ένα Crockpot. Προσθέστε τη γέμιση πίτας και στη συνέχεια πασπαλίστε το μείγμα πίτας από πάνω.
Ψήνουμε για 25 λεπτά με τη σόδα από πάνω.

72.   Crockpot Apple Cookie Cobbler

ΣΥΝΟΛΙΚΟΣ ΧΡΟΝΟΣ ΜΑΓΕΙΡΕΜΑΤΟΣ: 35 ΛΕΠΤΑ
ΜΕΡΙΔΙΕΣ: 6

ΚΡΟΥΡΑ ΖΥΜΗΣ:

2 φλιτζάνια αλεύρι
1 κουταλιά της σούπας γάλα
Ζάχαρη, 1 φλ
Βούτυρο, 1/3 φλ
Μπέικιν πάουντερ, $1\frac{1}{4}$ κουταλάκι του γλυκού
1 αυγό χτυπημένο
$\frac{1}{4}$ κουταλάκι του γλυκού αλάτι
$\frac{1}{2}$ κουταλάκι του γλυκού βανίλια

ΠΛΗΡΩΣΗ:

1-1/2 κουταλάκι του γλυκού κανέλα
6 φλιτζάνια μήλα κομμένα σε φέτες και ξεφλουδισμένα
1 φλιτζάνι καστανή ζάχαρη
πρέζα μοσχοκάρυδο
2 κουταλιές της σούπας αλεύρι
$\frac{1}{2}$ κουταλιές της σούπας χυμό λεμονιού

ΚΑΤΕΥΘΎΝΣΕΙΣ

Ανακατεύουμε τη ζάχαρη και το βούτυρο.
Ανακατεύουμε το αυγό, το γάλα και τη βανίλια.
Κοσκινίζουμε μαζί τα ξηρά υλικά.
Ενσωματώνουμε το κρεμώδες μείγμα.
Ανακατεύουμε τη ζάχαρη και την κανέλα.
Πασπαλίστε πάνω από τη ζύμη? ψήνουμε για 35 λεπτά ή μέχρι να ροδίσουν.
Από πάνω βάζουμε σαντιγί.

73. Κέικ σοκολάτας απλά Crockpot

ΣΥΝΟΛΙΚΟΣ ΧΡΟΝΟΣ ΜΑΓΕΙΡΕΜΑΤΟΣ: 1 ΩΡΑ
ΜΕΡΙΔΙΕΣ: 8

ΣΥΣΤΑΤΙΚΆ:
2/3 φλιτζάνι φυτικό λάδι
Κομματάκια σοκολάτας
2 κούπες ζάχαρη
3 φλιτζάνια αλεύρι
2 φλιτζάνια κρύο νερό
ζάχαρη άχνη
Αλάτι, 1 κουτ
2 κουταλιές της σούπας ξύδι
½ φλιτζάνι κακάο
2 κουταλάκια του γλυκού μαγειρική σόδα

ΚΑΤΕΥΘΎΝΣΕΙΣ
Ανακατεύουμε τα ξηρά υλικά και μετά ανακατεύουμε καλά τα υπόλοιπα υλικά.

Λαδώνουμε και αλευρώνουμε την κατσαρόλα μας και μετά ρίχνουμε μέσα τη ζύμη του κέικ και στη συνέχεια ρίχνουμε κομματάκια σοκολάτας.

Χρησιμοποιήστε 10 κάρβουνα στο κάτω μέρος και 17 κάρβουνα στην κορυφή για 40 λεπτά στο φούρνο.

Μετά από 20 λεπτά αποσύρουμε από τη χαμηλή φωτιά και τελειώνουμε το ψήσιμο μόνο από πάνω.

Πριν σερβίρουμε πασπαλίζουμε με ζάχαρη άχνη.

74. Επιδόρπιο με ροδάκινο

ΣΥΝΟΛΙΚΟΣ ΧΡΟΝΟΣ ΜΑΓΕΙΡΕΜΑΤΟΣ: 35 ΛΕΠΤΑ
ΜΕΡΙΔΙΕΣ: 6

ΣΥΣΤΑΤΙΚΆ:
2/3 φλιτζάνι βούτυρο
2 κουταλάκια του γλυκού βανίλια
3 φλιτζάνια αλεύρι
1 φλιτζάνι ζάχαρη
3 κουταλάκια του γλυκού μπέικιν πάουντερ
2- 16 ουγγιές κονσερβοποιημένα ροδάκινα,
1 φλιτζάνι καστανή ζάχαρη
2 αυγα
Αλάτι, 1 κουτ
1 ½ φλιτζάνι γάλα

ΚΑΤΕΥΘΎΝΣΕΙΣ
Καλύψτε το Crockpot με αλουμινόχαρτο.
Βάλτε τα στραγγισμένα ροδάκινα στον πάτο του Crockpot.
Ανακατεύουμε στο κουρκούτι.
Ψήνουμε για 35 λεπτά σε 8 κάρβουνα από κάτω και 16 κάρβουνα από πάνω με το καπάκι.

75.   Crockpot μήλο τραγανό

ΣΥΝΟΛΙΚΟΣ ΧΡΟΝΟΣ ΜΑΓΕΙΡΕΜΑΤΟΣ: 20 ΛΕΠΤΑ
ΜΕΡΙΔΙΕΣ: 6

ΣΥΣΤΑΤΙΚΆ:
Βρώμη ρολό, 1 φλ
½ φλιτζάνι κασταντή ζάχαρη
2 κουταλιές της σούπας μέλι
2 κουταλάκια του γλυκού κανέλα
Γέμιση μηλόπιτας, 4 κουτάκια
1 κουταλάκι του γλυκού χυμό λεμονιού
πρέζα μοσχοκάρυδο

ΚΑΤΕΥΘΎΝΣΕΙΣ
Σιγοβράζουμε τη μηλόπιτα γέμιση στο φούρνο.
Περιχύνουμε τη γέμιση με μέλι και χυμό λεμονιού.
Ανακατεύουμε τα ξηρά υλικά και απλώνουμε τα μήλα.
Μαγειρέψτε για 20 λεπτά μέχρι να ροδίσει το πλιγούρι.

76.   Πουτίγκα βατόμουρου Crockpot

ΣΥΝΟΛΙΚΟΣ ΧΡΟΝΟΣ ΜΑΓΕΙΡΕΜΑΤΟΣ: 45 ΛΕΠΤΑ
ΜΕΡΙΔΕΣ: 10 - 12

ΣΥΣΤΑΤΙΚΆ
Βραστό νερό, 2 φλ
Αλεύρι, 2 φλ
Μπέικιν πάουντερ, 2 κουτ
Γάλα, 1 φλ
Βούτυρο, 1/3 φλ
2 κούπες ζάχαρη
Αλάτι, 1 κουτ
2 φλιτζάνια βατόμουρα

ΚΑΤΕΥΘΎΝΣΕΙΣ
Χτυπάμε τη ζάχαρη και το βούτυρο.
Κοσκινίζουμε μαζί το αλεύρι, το αλάτι και το μπέικιν πάουντερ.
μετά προσθέτουμε στη ζάχαρη και τη βουτυρόκρεμα μαζί με το
γάλα.
Τα ανακατεύουμε όλα και τα ρίχνουμε σε ένα κατσαρολάκι.
Πασπαλίζουμε από πάνω τα βατόμουρα και περιχύνουμε το μείγμα
με το ζεστό νερό.
Ψήνουμε στους 350 βαθμούς για περίπου 45 λεπτά μέχρι να
ροδίσει η κορυφή.

77. Κέικ ανάποδα με ανανά στο Crockpot

ΣΥΝΟΛΙΚΟΣ ΧΡΟΝΟΣ ΜΑΓΕΙΡΕΜΑΤΟΣ: 40 ΛΕΠΤΑ
ΜΕΡΙΔΕΣ: 10 - 12

ΣΥΣΤΑΤΙΚΆ
1 βάζο κεράσια μαρασκίνο
Καστανή ζάχαρη, 1/2 φλ
Κονσέρβα 8 ουγγιών ανανά, κομμένο σε φέτες
αντικολλητικό σπρέι
1 πακέτο μείγμα κέικ

ΚΑΤΕΥΘΎΝΣΕΙΣ
Φτιάχνουμε το κέικ σύμφωνα με τις οδηγίες της συσκευασίας.

PAM το εσωτερικό του φούρνου και τοποθετήστε τον ανανά στον πάτο του Crockpot.

Τοποθετήστε τα κεράσια στο κέντρο των φετών ανανά.

Η καστανή ζάχαρη πρέπει να πασπαλίζεται πάνω από τα φρούτα.

Ψήνουμε για 40 λεπτά σκεπασμένο.

Αναποδογυρίστε το Crockpot σε ένα πιάτο.

78. Τσαγκάρης φρούτων σε μια κατσαρόλα

ΣΥΝΟΛΙΚΟΣ ΧΡΟΝΟΣ ΜΑΓΕΙΡΕΜΑΤΟΣ: 40 ΛΕΠΤΑ
ΜΕΡΙΔΙΕΣ: 8

ΣΥΣΤΑΤΙΚΆ
½ ραβδί βούτυρο, κομμένο σε φέτες
1 κουτί μείγμα κέικ
Ζάχαρη
φρούτο εκλογής

ΚΑΤΕΥΘΎΝΣΕΙΣ
Λαδώνουμε ελαφρά το Crockpot και γεμίζουμε τα 2/3 με ψιλοκομμένα φρούτα.
Πασπαλίζουμε με ζάχαρη.
Προσθέστε το μείγμα του κέικ στα φρούτα.
Τοποθετήστε πολλές κούκλες βούτυρο στο μείγμα του κέικ.
Ψήνουμε για περίπου 40 λεπτά.

79. Crockpot τρία κέικ σοκολάτας

ΣΥΝΟΛΙΚΟΣ ΧΡΟΝΟΣ ΜΑΓΕΙΡΕΜΑΤΟΣ: 28 ΛΕΠΤΑ
ΜΕΡΙΔΕΣ: 10 - 12

ΣΥΣΤΑΤΙΚΆ
Τσιπς σοκολάτας 12 ουγγιών
1 μείγμα κέικ σοκολάτας
1 πακέτο πουτίγκα σοκολάτας

ΚΑΤΕΥΘΎΝΣΕΙΣ
Ετοιμάστε το μείγμα του κέικ σύμφωνα με τις οδηγίες της συσκευασίας.
Προσθέστε το μείγμα πουτίγκας και τα κομματάκια σοκολάτας και απλώστε τα σε ένα προθερμασμένο κατσαρολάκι.
Ψήνουμε για περίπου 28 λεπτά.

80. Crockpot Fruit Crisp

ΣΥΣΤΑΤΙΚΆ
ΚΑΡΠΟΣ:
Κανέλα, 1 κουτ

1 κουταλάκι του γλυκού ξύσμα λεμονιού

1 ½ κουταλιά της σούπας χυμό λεμονιού

Μοσχοκάρυδο, 1 κουτ

3 κιλά φρούτα, ψιλοκομμένα

ΜΙΓΜΑ ΚΑΛΥΨΗΣ:
1 κουταλάκι του γλυκού κανέλα

1 φλιτζάνι βρώμη γρήγορα

Καστανή ζάχαρη, 1 φλ

½ φλιτζάνι αλεύρι

1 μπαστούνι βούτυρο, λιωμένο

½ κουταλάκι του γλυκού μοσχοκάρυδο

ΚΑΤΕΥΘΎΝΣΕΙΣ
Λαδώνουμε ελαφρά το Crockpot.

Ρίξτε κανέλα και μοσχοκάρυδο πάνω από τα φρούτα.

Λιώνουμε το βούτυρο και προσθέτουμε το πλιγούρι, το αλεύρι και τη ζάχαρη.

Καλύπτουμε τα φρούτα με την επικάλυψη

Ψήνουμε για 40 λεπτά

81. Γερμανικές τηγανίτες

ΣΥΝΟΛΙΚΟΣ ΧΡΟΝΟΣ ΜΑΓΕΙΡΕΜΑΤΟΣ: 26 ΛΕΠΤΑ

ΜΕΡΙΔΕΣ: 4

ΣΥΣΤΑΤΙΚΆ:

$\frac{1}{4}$ κουταλάκι του γλυκού αλάτι

7 κουταλιές της σούπας βούτυρο

Γάλα, 1 φλ

6 αυγά

1 φλιτζάνι αλεύρι

ΚΑΤΕΥΘΎΝΣΕΙΣ

Ψήνουμε για 26 λεπτά.

82. Πρωινό με λουκάνικο Crockpot

ΣΥΝΟΛΙΚΟΣ ΧΡΟΝΟΣ ΜΑΓΕΙΡΕΜΑΤΟΣ: 60 ΛΕΠΤΑ

ΜΕΡΙΔΕΣ: 4

ΣΥΣΤΑΤΙΚΆ:

Αλάτι, 1 κουτ

8 αυγά

Αλεσμένο λουκάνικο, 2 κιλά

9 φέτες ψωμί χωρίς κόρα, κομμένες σε κύβους

3 φλιτζάνια γάλα

2 φλιτζάνια τριμμένο τυρί τσένταρ

ΚΑΤΕΥΘΎΝΣΕΙΣ

Βράζουμε το λουκάνικο και μετά το στραγγίζουμε.

Συνδυάστε γάλα, αυγά, ψωμί και αλάτι.

Στο μείγμα των αυγών προσθέτουμε το λουκάνικο και το τυρί τσένταρ.

Γεμίστε ξανά το Crockpot με τα υλικά και στη συνέχεια ψήστε για 60 λεπτά με 8 κάρβουνα στο κάτω μέρος και 16 στο πάνω μέρος.

83. Crockpot Ψητό τυρί

ΣΥΝΟΛΙΚΟΣ ΧΡΟΝΟΣ ΜΑΓΕΙΡΕΜΑΤΟΣ: 20 ΛΕΠΤΑ

ΜΕΡΙΔΙΕΣ: 2

ΣΥΣΤΑΤΙΚΆ:

4 φέτες ψωμί

Τυρί προβολόνε

1 Κολλήστε βούτυρο

ΚΑΤΕΥΘΎΝΣΕΙΣ

Αλείφουμε με βούτυρο κάθε κομμάτι ψωμί και ρίχνουμε από πάνω το τυρί και τις υπόλοιπες φέτες ψωμιού με βουτυρωμένη πλευρά προς τα κάτω, στο καπάκι προθέρμανσης.

Αναποδογυρίστε και ψήστε μέχρι να ροδίσουν.

84. Crockpot Γαλλικό τοστ

ΣΥΝΟΛΙΚΟΣ ΧΡΟΝΟΣ ΜΑΓΕΙΡΕΜΑΤΟΣ: 10 ΛΕΠΤΑ

ΜΕΡΙΔΕΣ: 4

ΣΥΣΤΑΤΙΚΆ:

1 κουταλάκι του γλυκού βανίλια

4 αυγά

½ φλιτζάνι γάλα ή μισό μισό ψωμί

1 κουταλάκι του γλυκού κανέλα

φυτικό λάδι και χαρτοπετσέτα

ΚΑΤΕΥΘΎΝΣΕΙΣ

Τοποθετήστε το κάλυμμα του Crockpot ανάποδα πάνω από τα κάρβουνα.

Βουρτσίστε το φυτικό λάδι στο καπάκι.

Με μίξερ ή πιρούνι ανακατεύουμε όλα τα υλικά μέχρι να ενωθούν καλά.

Αλείφουμε το ψωμί με το μείγμα.

Μαγειρέψτε και από τις δύο πλευρές σε ένα καπάκι για 4 λεπτά ανά πλευρά ή μέχρι να ροδίσουν.

85. Τηγανίτες Crockpot

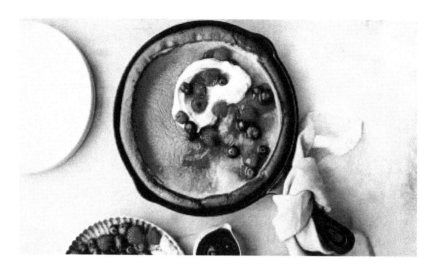

ΣΥΝΟΛΙΚΟΣ ΧΡΟΝΟΣ ΜΑΓΕΙΡΕΜΑΤΟΣ: 20 ΛΕΠΤΑ

ΜΕΡΙΔΙΕΣ: 12-16 Τηγανίτες

ΣΥΣΤΑΤΙΚΆ:

3 κουταλάκια του γλυκού μπέικιν πάουντερ

2 κούπες αλεύρι

2 φλιτζάνια γάλα

Λιωμένο βούτυρο, δύο κουταλιές της σούπας

Αλάτι, 1 κουτ

Φυτικό λάδι

1 αυγό

ΚΑΤΕΥΘΎΝΣΕΙΣ

Ανακατεύουμε το αλάτι, το μπέικιν πάουντερ και το αλεύρι.

Ανακατεύουμε το αυγό και το γάλα.

Ανακατεύουμε τα δύο μείγματα με το λιωμένο βούτυρο.

Τοποθετήστε ένα λαδωμένο κάλυμμα Crockpot ανάποδα πάνω από τα κάρβουνα.

Ρίξτε τη ζύμη στη μέση του ταψιού.

Μαγειρέψτε μέχρι να φουσκώσει και να ροδίσει από πάνω.

Ροδίστε και την άλλη πλευρά αφού το γυρίσετε.

86. Τσέπες πίτας για Crockpot

ΣΥΝΟΛΙΚΟΣ ΧΡΟΝΟΣ ΜΑΓΕΙΡΕΜΑΤΟΣ: 10 ΛΕΠΤΑ

ΜΕΡΙΔΕΣ: 4

ΣΥΣΤΑΤΙΚΆ

1 κρεμμύδι, ψιλοκομμένο

1 σκελίδα σκόρδο

1 κιλό λουκάνικο

Πίτα ψωμί

12 αυγά χτυπημένα

1 πιπεριά, ψιλοκομμένη

1 βάζο σάλτσα

ΚΑΤΕΥΘΎΝΣΕΙΣ

Ετοιμάστε το Crockpot.

Σοτάρουμε το λουκάνικο με το κρεμμύδι, το σκόρδο και την πιπεριά.

Ανακατέψτε τα αυγά.

Ρίξτε το μαγειρεμένο μείγμα στις τσέπες πίτας.

87. Crockpot Country πρωινό

MΕΡΙΔΕΣ: 4

ΣΥΣΤΑΤΙΚΆ

1 κιλό χύμα χοιρινό λουκάνικο, θρυμματισμένο

12 αυγά

1 κουτί χασιπ πατάτες

1 φλιτζάνι τυρί τσένταρ τριμμένο

ΚΑΤΕΥΘΎΝΣΕΙΣ

Στρώνουμε το χοιρινό λουκάνικο στο Crockpot.

Βράζουμε το λουκάνικο μέχρι να γίνει, σκεπασμένο με νερό.

Προσθέστε τις πατάτες Χασ και μετά βράστε.

Τηγανίζουμε τον συνδυασμό λουκάνικου και πατάτας μέχρι να ροδίσουν οι πατάτες.

Κάνετε πολλά βαθουλώματα στις κορυφές των πατατών χρησιμοποιώντας ένα κουτάλι και σπάτε 2 αυγά σε κάθε βαθούλωμα.

Όταν τα ασπράδια ψηθούν τελείως, πασπαλίζουμε από πάνω τυρί και αφήνουμε να σιγοβράσει για αρκετή ώρα ώστε να λιώσει το τυρί.

88. Κατσαρόλα λουκάνικου Crockpot

ΣΥΝΟΛΙΚΟΣ ΧΡΟΝΟΣ ΜΑΓΕΙΡΕΜΑΤΟΣ: 10 ΛΕΠΤΑ

ΜΕΡΙΔΕΣ: 4

ΣΥΣΤΑΤΙΚΆ

2 κιλά λουκάνικο

Αλάτι, 1 κουτ

2 αυγα

15 ουγγιές τυρί τσένταρ, τριμμένο

8 φέτες ψωμί

1 κουταλάκι του γλυκού μουστάρδα ξερή

4 φλιτζάνια γάλα

ΚΑΤΕΥΘΎΝΣΕΙΣ

Χρησιμοποιώντας αλουμινόχαρτο βαρέως τύπου, στρώστε ένα Crockpot και αλείψτε το αλουμινόχαρτο χρησιμοποιώντας βούτυρο.

Στο φούρνο σπάμε το ψωμί.

Πάνω από το ψωμί, θρυμματίζουμε το ψημένο λουκάνικο και μετά πασπαλίζουμε με το τυρί.

Χτυπάμε τα αυγά, το γάλα, τη μουστάρδα και το αλάτι.

Στο φούρνο τακτοποιούμε το ψωμί, το λουκάνικο και το τυρί και ρίχνουμε από πάνω το μείγμα των αυγών.

Ψήστε για 38 λεπτά, ελέγχοντας κάθε τόσο.

89. Crockpot Πρωινό

ΣΥΝΟΛΙΚΟΣ ΧΡΟΝΟΣ ΜΑΓΕΙΡΕΜΑΤΟΣ: 20 ΛΕΠΤΑ

ΜΕΡΙΔΙΕΣ: 6

ΣΥΣΤΑΤΙΚΆ

1 κρεμμύδι, κομμένο σε φέτες

1 φλιτζάνι μπέικον, κομμένο σε φέτες

πατάτες hash brown, 5 φλ

1 φλιτζάνι τυρί τσένταρ, τριμμένο

12 αυγά

1 βάζο σάλτσα

ΚΑΤΕΥΘΎΝΣΕΙΣ

Ροδίζουμε το μπέικον και το κρεμμύδι. Προσθέστε τα καστανά χασίς.

Μαγειρέψτε για 14 λεπτά ή μέχρι να αρχίσουν να δένουν τα αυγά.

Όταν τα αυγά είναι καλά και λιώσει το τυρί, πασπαλίζουμε με τυρί το μείγμα των αυγών, σκεπάζουμε το τηγάνι και συνεχίζουμε το ζέσταμα για λίγα λεπτά.

90. Crockpot Quiche χωρίς κρούστα

ΣΥΝΟΛΙΚΟΣ ΧΡΟΝΟΣ ΜΑΓΕΙΡΕΜΑΤΟΣ: 40 ΛΕΠΤΑ

ΜΕΡΙΔΕΣ: 4

ΣΥΣΤΑΤΙΚΆ

1/2 φλιτζάνι βούτυρο

1/2 φλιτζάνι αλεύρι

2 φλιτζάνια τυρί κότατζ

10 αυγά

1 κουταλάκι του γλυκού μπέικιν πάουντερ

Γάλα, 1 φλ

Τυρί κρέμα, 1/2 φλ

Αλάτι, 1 κουτ

Τυρί Monterey Jack, 1 κιλό

1 κουταλάκι του γλυκού ζάχαρη

ΚΑΤΕΥΘΎΝΣΕΙΣ

Λιώνουμε το βούτυρο και ενσωματώνουμε το αλεύρι. σιγοβράζουμε για λίγα λεπτά.

Ανακατέψτε τα αυγά, το γάλα, τα τυριά, τη μαγειρική σόδα, το αλάτι και τη ζάχαρη.

Ψήνουμε στους 350 βαθμούς για 40 λεπτά.

Ρολά πρωινού

ΣΥΝΟΛΙΚΟΣ ΧΡΟΝΟΣ ΜΑΓΕΙΡΕΜΑΤΟΣ: 40 ΛΕΠΤΑ

ΜΕΡΙΔΕΣ: 6 ΔΕΚΑΔΕΣ

ΣΥΣΤΑΤΙΚΆ

4 αυγά

1 τέταρτο βουτυρόγαλα

5 φλιτζάνια αλεύρι

2 κούπες ζάχαρη

6 φλιτζάνια πίτουρο σταφίδας

6 κουταλάκια του γλυκού μαγειρική σόδα

Μαλακωμένο βούτυρο, 1 φλ

2 φλιτζάνια βραστό νερό

ΚΑΤΕΥΘΎΝΣΕΙΣ

Ανακατέψτε το νερό και τη μαγειρική σόδα.

Ανακατεύουμε το βούτυρο, τα αυγά και τη ζάχαρη και μετά προσθέτουμε το βουτυρόγαλα και το αλεύρι.

Προσθέτουμε το μείγμα του νερού και ανακατεύουμε.

Ενσωματώνουμε το πίτουρο σταφίδας.

Ψήνουμε για 30 λεπτά.

91. Μάφιν βατόμουρου

ΣΥΝΟΛΙΚΟΣ ΧΡΟΝΟΣ ΜΑΓΕΙΡΕΜΑΤΟΣ: 15 ΛΕΠΤΑ

ΜΕΡΙΔΕΣ: 4

ΣΥΣΤΑΤΙΚΆ

2 κούπες αλεύρι

2 αυγά χτυπημένα

1 φλιτζάνι ζάχαρη

Γάλα, 1 φλ

1 φλιτζάνι λιωμένο βούτυρο

1 κουταλάκι του γλυκού μοσχοκάρυδο

1 κουταλιά της σούπας μπέικιν πάουντερ

1 φλιτζάνι βατόμουρα

Αλάτι, 1 κουτ

1 φλιτζάνι αμύγδαλα, κομμένα σε φέτες

1 κουταλιά ζάχαρη

ΚΑΤΕΥΘΎΝΣΕΙΣ

Ανακατεύουμε τα ξηρά υλικά.

Ανακατεύουμε το γάλα, το βούτυρο και τα αυγά.

Ανακατεύουμε τα δύο μείγματα και ρίχνουμε μέσα τα βατόμουρα.

Μεταφέρετε σε ταψιά για μάφιν.

Πασπαλίζουμε με 1 κουταλιά της σούπας ζάχαρη και αμύγδαλα.

Ψήνουμε για 14 λεπτά στους 400 βαθμούς.

92. Crockpot Cinnamon Donuts

ΣΥΝΟΛΙΚΟΣ ΧΡΟΝΟΣ ΜΑΓΕΙΡΕΜΑΤΟΣ: 10 ΛΕΠΤΑ

ΜΕΡΙΔΕΣ: 4

ΣΥΣΤΑΤΙΚΆ

Πολλά σωληνάρια μπισκότα ψυγείου

Μείγμα ζάχαρης και κανέλας

Μαγειρικό λάδι

ΚΑΤΕΥΘΎΝΣΕΙΣ

Στο Crockpot, ζεσταίνουμε το μαγειρικό λάδι.

Ετοιμάστε τα μπισκότα δημιουργώντας ένα δαχτυλίδι από αυτά με τον αντίχειρά σας.

Τα ρίχνουμε με κουτάλι στο ζεστό λάδι.

Αφού τα βγάλουμε από το λάδι τα περιχύνουμε με το μείγμα κανέλας-ζάχαρης.

93. Ρολά με πεκάν και καραμέλα

ΣΥΝΟΛΙΚΟΣ ΧΡΟΝΟΣ ΜΑΓΕΙΡΕΜΑΤΟΣ: 10 ΛΕΠΤΑ

ΜΕΡΙΔΕΣ: 4

ΣΥΣΤΑΤΙΚΆ

Καστανή ζάχαρη, 1/2 φλ

1 κουταλιά της σούπας σταφίδες

1 σωληνάριο μπισκότα ψυγείου, qτρυπημένος

1 φλιτζάνι καρύδια ψιλοκομμένα

1 μπαστούνι βούτυρο

Πρέζα κανέλα

1 κουταλιά της σούπας νερό

ΚΑΤΕΥΘΎΝΣΕΙΣ

Λιώστε το βούτυρο, τη ζάχαρη, την κανέλα και το νερό για να φτιάξετε την καραμέλα.

Ανακατεύουμε μέσα τα καρύδια και τις σταφίδες και ενσωματώνουμε το μείγμα της καραμέλας. ανακατεύουμε μέχρι να κατανεμηθεί ομοιόμορφα.

Ψήστε τα μπισκότα μέχρι να ροδίσουν.

94. Κρέας και λαχανικά Crockpot

ΣΥΝΟΛΙΚΟΣ ΧΡΟΝΟΣ ΜΑΓΕΙΡΕΜΑΤΟΣ: 10 ΛΕΠΤΑ

ΜΕΡΙΔΕΣ: 4

ΠΛΗΡΩΣΗ:

2 κουταλιές της σούπας λάδι

1 φλιτζάνι κρύο μαγειρεμένο κρέας, ψιλοκομμένο

1 φλιτζάνι ανάμεικτα λαχανικά, κομμένα σε κύβους

ΖΥΜΗ:

Γάλα, 1 φλ

2 φλιτζάνια αλεύρι που φουσκώνει μόνο του

Πρέζα αλάτι

1 αυγό

ΚΑΤΕΥΘΎΝΣΕΙΣ

Βάλτε το αλεύρι, το αλάτι και το αυγό σε ένα μπολ και ανακατέψτε καλά πριν προσθέσετε σταδιακά το γάλα για να δημιουργήσετε μια ζύμη.

Χτυπάμε με σύρμα το μαγειρεμένο κρέας και τα λαχανικά.

Το μείγμα πρέπει να χύνεται σε ζεστό λάδι χρησιμοποιώντας ένα κατσαρολάκι.

Μόλις σταθεροποιηθούν οι άκρες, αναποδογυρίστε τις.

95. Κις κροκπот

ΣΥΝΟΛΙΚΟΣ ΧΡΟΝΟΣ ΜΑΓΕΙΡΕΜΑΤΟΣ: 40 ΛΕΠΤΑ

ΜΕΡΙΔΙΕΣ: 12

ΣΥΣΤΑΤΙΚΆ

1 φλιτζάνι μανιτάρια, κομμένα σε φέτες

1 κιλό μπέικον ή λουκάνικο, ψιλοκομμένο

3 φλιτζάνια πλήρες γάλα

1 φλιτζάνι κρεμμύδι, κομμένο σε κύβους

2 φλιτζάνια τριμμένο τυρί

1 κουταλάκι πιπέρι

1 φλιτζάνι πράσινη πιπεριά, ψιλοκομμένη

6 αυγά

2 φλιτζάνια Bisquick

Αλάτι, 1 κουτ

ΚΑΤΕΥΘΎΝΣΕΙΣ

Ροδίζουμε το μπέικον.

Σοτάρουμε τα μανιτάρια, τα κρεμμύδια και την πράσινη πιπεριά. τρίψτε λίγο τυρί από πάνω.

Ανακατεύουμε το Bisquick, το γάλα, τα αυγά, το αλάτι και το πιπέρι και ρίχνουμε από πάνω.

Ψήνουμε για 32 λεπτά μέχρι να ροδίσουν.

96. Crockpot Cheddar Mountain Man

ΣΥΝΟΛΙΚΟΣ ΧΡΟΝΟΣ ΜΑΓΕΙΡΕΜΑΤΟΣ: 10 ΛΕΠΤΑ

ΜΕΡΙΔΙΕΣ: 12

ΣΥΣΤΑΤΙΚΆ

Ρίξε αλάτι και πιπέρι

2 κιλά χασικές πατάτες, ψιλοκομμένες

Μπέικον, 1 κιλό

1 πακέτο μαλακά λουκάνικα

6 αυγά

1/2 φλιτζάνι γάλα

1 φλιτζάνι τυρί τσένταρ, τριμμένο

ΚΑΤΕΥΘΎΝΣΕΙΣ

Μαγειρέψτε το μπέικον και το λουκάνικο χρησιμοποιώντας ένα κατσαρολάκι.

Προσθέστε μέσα τα καστανά χασίς.

Προσθέστε το γάλα, τα αυγά, αλάτι και πιπέρι και μαγειρέψτε μέχρι να μισοπήξει.

Ψήνουμε με αλειμμένο τυρί από πάνω.

97. Κατσαρόλα πρωινού σε ποτ

ΣΥΝΟΛΙΚΟΣ ΧΡΟΝΟΣ ΜΑΓΕΙΡΕΜΑΤΟΣ: 40 ΛΕΠΤΑ

ΜΕΡΙΔΙΕΣ: 8-10

ΣΥΣΤΑΤΙΚΆ

4 φλιτζάνια λουκάνικο

15 ουγγιές τυρί τσένταρ, τριμμένο

Αλάτι, 1 κουτ

12 αυγά

8 φέτες ψωμί

1 λίτρο γάλα

1 ½ κουταλάκι του γλυκού ξηρή μουστάρδα

ΚΑΤΕΥΘΎΝΣΕΙΣ

Στο φούρνο σπάμε το ψωμί.

Πάνω από το ψωμί, θρυμματίζουμε το ψημένο λουκάνικο και μετά πασπαλίζουμε με το τυρί.

Στο φούρνο τακτοποιούμε το ψωμί, το λουκάνικο και το τυρί.

Ανακατέψτε τα αυγά, το γάλα, τη στεγνή μουστάρδα και το αλάτι.

Σκεπάζουμε και ψήνουμε για 40 λεπτά.

98. Πρωινό σε τσέπη πίτα

ΣΥΝΟΛΙΚΟΣ ΧΡΟΝΟΣ ΜΑΓΕΙΡΕΜΑΤΟΣ: 20 ΛΕΠΤΑ

ΜΕΡΙΔΙΕΣ: 6

ΣΥΣΤΑΤΙΚΆ

2 φλιτζάνια λουκάνικο

2 κουταλιές της σούπας ελαιόλαδο

Πίτα ψωμί

1 πιπεριά κομμένη σε κύβους

1 βάζο σάλτσα

1 σκελίδα σκόρδο, ψιλοκομμένη

1 κρεμμύδι, ψιλοκομμένο

12 αυγά χτυπημένα

ΚΑΤΕΥΘΎΝΣΕΙΣ

Ροδίζουμε το λουκάνικο και στη συνέχεια σοτάρουμε με το κρεμμύδι, το σκόρδο και την πιπεριά. Προσθέστε αυγά.

Μεταφέρετε στις τσέπες πίτας μαζί με τη σάλτσα.

99. Crockpot Hash Brown Quiche

ΣΥΝΟΛΙΚΟΣ ΧΡΟΝΟΣ ΜΑΓΕΙΡΕΜΑΤΟΣ: 1 ΩΡΑ

ΜΕΡΙΔΙΕΣ: 6

ΣΥΣΤΑΤΙΚΆ

Γάλα, 1 φλ

1 φλιτζάνι τυροκαυτερή, τριμμένη

3 αυγά

1 κουταλάκι του γλυκού αλάτι καρυκευμένο

2 φλιτζάνια ελβετικό τυρί, τριμμένο

Ρίξε πιπέρι

1 φλιτζάνι βούτυρο, λιωμένο

2 φλιτζάνια μαγειρεμένο ζαμπόν, κομμένο σε κύβους

36 ουγκιές. Πατάτες μαγειρεμένες και πουρέ

ΚΑΤΕΥΘΎΝΣΕΙΣ

Το Crockpot πρέπει να λιπαίνεται.

Δημιουργήστε μια στιβαρή κρούστα στις πατάτες πριν τις ψήσετε, αλείφοντας λιωμένο βούτυρο στην κρούστα.

Ψήστε το πιάτο σε υψηλή θερμοκρασία (425°f) για περίπου 25 λεπτά.

Από πάνω βάζουμε τυρί και ζαμπόν.

Ρίξτε τα χτυπημένα αυγά, το γάλα και τα καρυκεύματα πάνω από το ζαμπόν και το τυρί.

Ψήστε για περίπου 35 λεπτά μέχρι να δέσει.

ΣΥΜΠΕΡΑΣΜΑ

Αν δεν θέλετε να ξοδεύετε πολύ χρόνο σκλαβώνοντας στην κουζίνα, υπάρχουν μερικές συνταγές που μπορείτε να ακολουθήσετε και έχουν μόνο πέντε υλικά ή λιγότερα. Αυτές οι συνταγές δεν είναι μόνο εύκολο να ακολουθηθούν, αλλά είναι επίσης πολύ υγιεινές, επομένως μπορείτε ακόμα να απολαύσετε τα αγαπημένα σας φαγητά άνεσης χωρίς να χρειάζεται να βασίζεστε σε takeout.

Αφήστε αυτό το βιβλίο να χρησιμεύσει ως οδηγός σας για το πώς να προετοιμάσετε τις αγαπημένες σας συνταγές για crockpot χρησιμοποιώντας μόνο 5 συστατικά. Με αυτό το βιβλίο, θα μπορείτε να απολαύσετε τα αγαπημένα σας γεύματα μείον τον κόπο που σας σπάει την πλάτη που πρέπει να αφιερώσετε στην κουζίνα.